Unvergessene Heimat

Schlesien

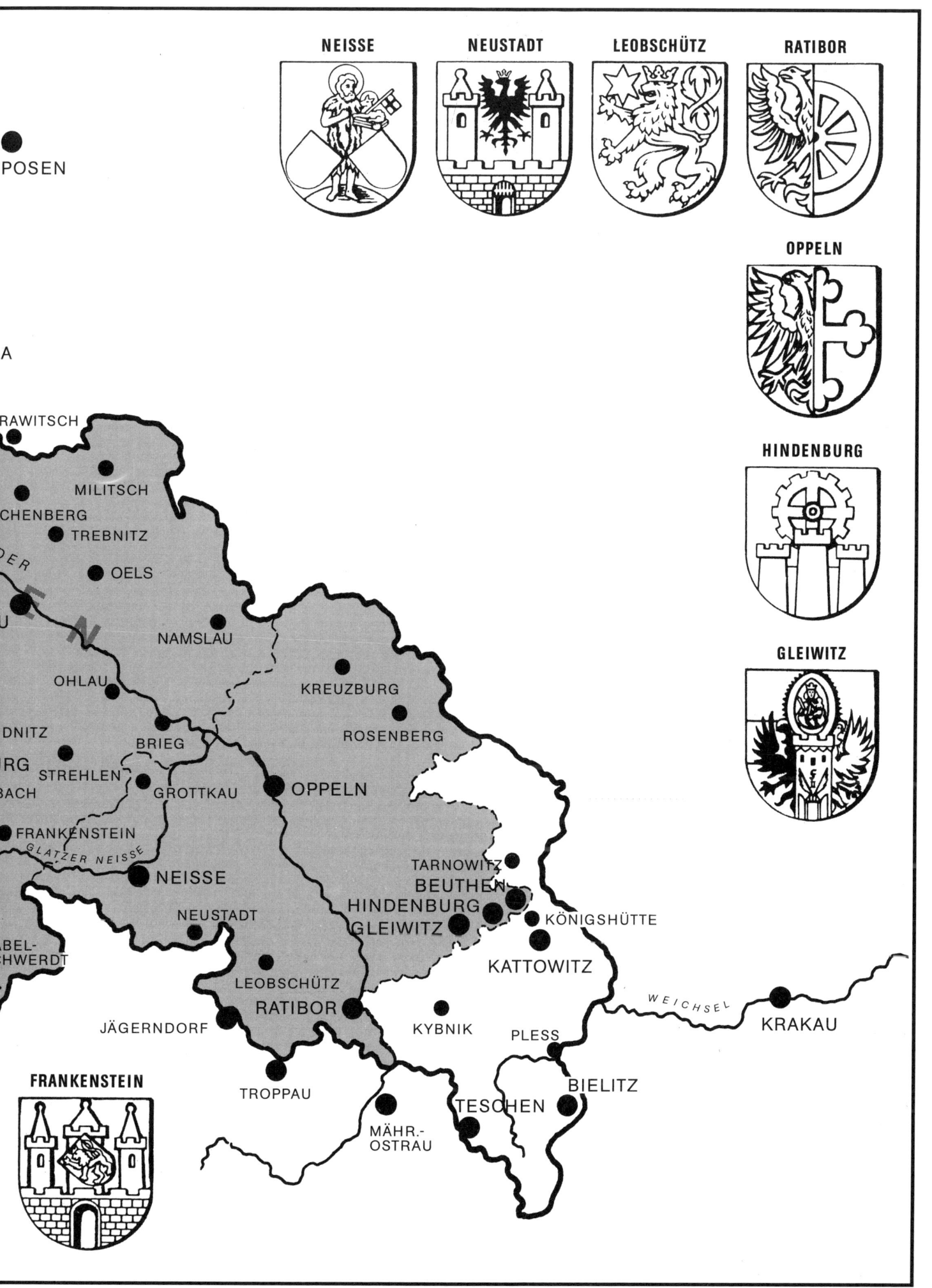

NEISSE NEUSTADT LEOBSCHÜTZ RATIBOR

OPPELN

HINDENBURG

GLEIWITZ

POSEN

A

RAWITSCH

MILITSCH

CHENBERG

TREBNITZ

OELS

DER

NAMSLAU

OHLAU

KREUZBURG

ROSENBERG

DNITZ

BRIEG

RG

STREHLEN

GROTTKAU

OPPELN

BACH

FRANKENSTEIN

GLATZER NEISSE

NEISSE

NEUSTADT

TARNOWITZ

BEUTHEN

HINDENBURG

GLEIWITZ

KÖNIGSHÜTTE

ABEL-

HWERDT

KATTOWITZ

LEOBSCHÜTZ

RATIBOR

WEICHSEL

JÄGERNDORF

KYBNIK

PLESS

KRAKAU

FRANKENSTEIN

TROPPAU

BIELITZ

TESCHEN

MÄHR.-

OSTRAU

Bernd G. Längin

*Unvergessene
Heimat*

Schlesien

Land zwischen Spree
und Weichsel

Bilddokumentation
Hanns Michael Schindler

Bechtermünz

Der Inhalt

Der Autor
Bernd G. Längin, geboren 1941 in Karlsruhe, arbeitete als Auslandskorrespondent in Asien, war fünf
Jahre als Journalist in Namibia tätig, danach Chefredakteur der Courier-Zeitungsgruppe in Kanada
und zuletzt Chefredakteur des »Globus«.
1982 erhielt er den Friedrich-List-Preis des Landes Baden-Württemberg für »besondere journalisti-
sche Leistungen im Ausland«. Er lebt heute als Schriftsteller und Journalist in Winnipeg/Kanada.

Buchveröffentlichungen
Germantown – auf deutschen Spuren in Nordamerika (1983), Die Hutterer (1986), Rumänien-
deutsche zwischen Bleiben und Gehen (1987), Die Deutschen in Rußland – gestern und heute
(1898), Deutsche Bilder (1990), Die Amischen (1990), Die Rußlanddeutschen unter Doppeladler
und Sowjetstern (1991), Plain and Amish (1994).

In der Reihe *Unvergessene Heimat ...* sind vom Autor in der Verlagsgruppe Weltbild die Bildbände
über das Sudetenland (1993), Ostpreußen (1994), Pommern (1994), Siebenbürgen (1997) und das
Banat (2000) erschienen.

Copyright © 2002 by Verlagsgruppe Weltbild GmbH, Augsburg
Umschlaggestaltung: Studio Höpfner-Thoma, München
Umschlagmotiv: AKG, Berlin
Satz: Buch & Grafik Design, Günther Herdin GmbH, München
Gesamtherstellung: Druckerei Appl, Wemding

Bildnachweis
Archiv für Kunst und Geschichte/Berlin, Bildarchiv Preußischer Kulturbesitz/Berlin, Klette-
Photo/Breslau, Geyer & Co./Breslau, H. F. Klose/Breslau, Volksdeutscher Bilderdienst, Volksbund-
Archiv, Verlagsgruppe Weltbild GmbH/Augsburg, Weigel/Oppeln, Hans Retzlaff, Sander/Trebnitz,
Archiv »Der Volksdeutsche«, Volpert/Ohlau, Archiv Graudenz-Schindler, Schlesischer Verkehrsver-
band/Breslau, Paul Kunze/Schweidnitz, Archiv des Autors.

Printed in Germany

ISBN 3-8289-3143-X

*Seite 2: Klosterkirche
Grüssau im Landeshuter
Bergland. Die zweitürmige
Marienkirche, zwischen
1728 und 1735 von Grüssaus
Stiftsbaumeister Joseph
Anton Jentsch neu erbaut,
zählt zu den schönsten spät-
barocken Bauwerken Schle-
siens.*

Typisch Schlesisch oder: »De Welt ruckt alle Tage«

»Wie schilgemohl, – du weeßt's, mei lieber Got,/ Hab ihch geseufzt und seufz' ich hinte noch:/ 'Heem will ihch, suste weiter nischt, ack heem!'«

Karl von Holtei, der von Schlesien getrennte Schlesier, hat es in eine andere Zeit gesprochen. Doch heim wollte der von Unruhe durch Europa getriebene Theatermann, Bühnendichter und Romanautor. Heim, sonst nichts als heim.

»Heem« war für Holtei Mutter Schläsing, jene Brückenlandschaft zu beiden Seiten der mittleren und oberen Oder, die gerne als Eichenblatt zwischen Böhmen und Polen gesehen wurde: die Talmulde des großen Stroms, der Europas Westen von Europas Osten trennt, als Rippe, Flüsse wie die Faule Ohla, die Wütende Neiße oder die Schnelle Deichsel als Aderung. In der Blattfläche eine landschaftliche Vielfalt aus Ebenen, Wäldern, Heide- und Gartenland, dazu jene Hügelkette, die sich gegen den mächtigen Wall der Sudeten, gegen Iser-, Riesen-, Heuscheuer-, Adler- oder Glatzergebirge und den Altvater lehnt.

»Heem« war ein Grenzland im Spannungsfeld zwischen Deutschland und Polen, Polen und Tschechen, Tschechen und Österreichern, Nordostdeutschland und dem Donaubecken ... aber immer auch ein Land der Mitte, der Begegnung. Ein europäisches Kernland, in dem sich in auf- und abklingender Dynamik der Geschichte mit Ernst Birke »Norden und Süden, Westen und Osten, Germanen, Slawen und Deutsche die Hand reichten«. Mutter Schläsing, die Maria Theresia einst als »Edelstein in ihrer Krone« bezeichnete, die Fridericus Rex 3 Kriege

gekostet hatte. Schlesien, das Goethe für »zehnfach interessant«, für »ein selten schönes, hervorragendes Ganzes« halten sollte. Die Schläsinger selbst, für die Jahrhunderte hindurch nichts typischer schien als ihr mit »Himmelreich« umschriebenes, relativ konservatives Leibgericht. Denn waren Gewürz und die rechte Mischung dazu noch rein schlesisch, galten bereits das Dörrobst unbestritten als der preußischen, die Semmelklöse der österreichischen und das Rauchfleisch der böhmischen Küche abgeguckt.

Von Gewürz und Mischung her typisch schlesisch ist dann auch Holteis Schlesierstamm, den Kolonisation, die Familie Habsburg und friderizianische Schlachtenkunst ein paar hundert Jahre nach den alten deutschen Stämmen zu einer Lebens- und Schicksalsgemeinschaft verschmolzen hatte, dem Eroberungen, Invasionen, Bündnisse und Handel Nachschub aus allen Windrichtungen zuführten. Einen deutschen (in des Dichters Tagen längst preußischen) Neustamm, der – ganz gleich nun ob »Fürscht« oder Dorfpommeranze, »Pauernbürschel« oder Frauvolk, Prajzaky oder Steppel – in typischer Eigenart alte Bindungen an Polen, an Böhmen und Österreich nie ganz ablegen konnte bzw. wollte. Der Schlesier unter Schlesiern, den der grüblerische, von schlesischer Mystik beeinflußte Hermann Stehr einmal für rundweg unverwechselbar halten sollte. Für einen Menschenschlag, *»der das unentwirrbare Durcheinanderströmen des verschiedensten Blutes ist, der charakterlich einer Volksversammlung gleicht, die erregt beratet, trotzdem keinen Entschluß fassen kann«* ... dem das *»ju, ju – ne, ne«* Hauptmannscher Figuren geradezu auf den Mund geschrieben schien. Menschen wie der Schlesier Karl von Holtei selbst, in Breslaus Reuschestraße 45 geborener Sohn eines österreichischen Rittmeisters.

Heimat war für einen wie Holtei, der seinen Landsleuten wie kein anderer

Das schlesische Himmelreich

Wenn ber warn ei a Himmel kumma,
hoot de Plag a End genumma.

Ei dam Himmel is a Laaba,
nischt wie lauter Kucha, Baaba.

Do aß ber lauter gaale Suppe
aus dam gruußa Uuwatuppe.

Lauter Broota warn ber assa, –
und 's Geld mit Virteln massa.

Laaberwirschte, Zwiebelfische
hon mer täglich uff'm Tische.

Honigschnieta, doß se klecka,
doß ma mecht de Fingrer lecka.

Frassa warn ber, bis mer rilpsa, –
nischt vo Arbsa, nischt vo Pilza, –

frassa warn ber wie de Firschta,
Sauerkraut und Laaberwirschte.

Wenns dann wird zum Saufa kumma,
do warn irscht de Bäuche brumma!

Wein, dann warn ber wie Wosser scheppa,
saufa aus dan guldna Teppa.

's Duppelbier werd niemals sauer,
denn dirt sein de beste Brauer

Mein Schlesierland

Wer die welt am Stab' durchmessen,
wenn der Weg in Blüten stand,
nimmer konnt' er doch vergessen
glückberauscht sein Heimatland.
Und wenn tausend Sangesweisen
nur der fremde Lob entquillt,
einzig will das Land ich preisen,
dem mein ganzes Sehnen gilt:
sei gegrüßt am schönen Oderstrand,
traute Heimat, traute Heimat,
Schlesien, du mein liebes Heimatland,
Schlesien, du mein Heimatland!

Schlesierland, du Länderkrone,
sei gegrüßt viel tausendmal,

wo auf sagenreichem Throne
mächtig herrscht Geist Rübezahl.
Wo im Volke stets auf's neue
deutscher Freiheit Odem weht,
wo als Bild von Männertreue
kühn der alter Zobten steht.
Sei gegrüßt am schönen Oderstrand ...

Graue Burgen zaub'risch winken
von den Bergen hoch und hehr,
wo im tiefen Schachte blinken
Erz und Kohle blank und schwer.
Weißes Linnen, Stolz der Mädchen,
bleicht im gold'nen Sonnenschein,
lustig schwirren Spill und Rädchen,
Sang und Sage klingen drein.
Sei gegrüßt am schönen Oderstrand ...

zuvor »auf's Guschel« schaute, Sprache. In erster Linie jenes Schlesisch, ein dem Sächsischen, Thüringischen, etwas weniger dem Hessischen und Fränkischen verwandter Dialekt, den der Dichter mit Gschichtla und Gedichtla in die deutsche Literatur eingeführt hatte.

Jeder rechte Schlesier sprach Schlesisch, allerdings auf eine ureigene, manchmal etwas unscharfe Art. In einigen Städten debattierte man durchaus auf »Holtei-Schlesisch«, doch die Reichenberger unterhielten sich eher auf Nordböhmisch, die Glogauer auf Neiderländisch, die Glatzer auf Glätzisch, die Oppelner auf Oberschlesisch. Die Görlitzer bevorzugten eine »äberlausitzsche«, die Bauern um Breslau eine Kräutermundart, die sich wiederum vom Brieg-Grottkauer Dialekt oder vom Gebirgsschlesisch kräftig unterschieden. Dazu kamen die Idiome von Hultschinern, von Lausitzer Wenden, Wasserpolen und Schlonsaken, was nur heißen konnte, daß wenn es zu lokalen Mundarten kam, die Einheit des Landes nur an der Vielfalt abzulesen war.

Doch Holtei-Schlesisch oder nicht, Himmelreich, Pauernbürschel, Nei-derländisch oder Kräutermund ... heim zog es den Dichter, »suste weiter nischt, ack heem!«. Zurück in die buchtigen Konturen des Eichenblatts, zu geschichtlicher Identität. Zu Schlesischem wie jenen »Herzogen, Grawen und gelehrten Herrn« in einer stolzen Ahnenreihe, die – ins Mittelalter zurückprojiziert – mit der oberbayrischen Grafentochter Hedwig von Andechs-Meranien, der heiliggesprochenen Landesmutter für Deutsche und Polen beginnt. Die einen Bogen vom frommen Heinrich II. über den fürstlichen Minnesänger Heinrich IV. zum theosophischen Schuster Jakob Böhme spannt, damit zu seherischer Begabung, zu typisch-schlesischem Ahnen führt. Die Schlesiens große Literaten aufgenommen hat, deren religiöses Grundgefühl einst den protestantischen Norden Europas mit dem katholischen Süden verklammerte ... die Schlesiens Literaturbarock hütet, der zum Kunststil Deutschlands machte, was man einmal die Gedankenwelt von Martin Opitz, Andreas Gryphius, Friedrich von Logau, Angelus Silesius oder Johann Christian Günther nennen sollte.

Holteis Schollenliebe galt Städten und Dörfern, die für das schlesische Selbstbewußtsein bürgten: der Geburtsstadt »*Gruß Brassel*«, Neisse, dem »*schlesischen Rom*«, Patschkau, dem »*schlesischen Rothenburg*«, Albendorf am Fuße der Heuscheuer, dem »*deutschen Jerusalem*« und Bunzlau, der Stadt »*des guten Tons*«. Grafenort im Neißetal, wo er seine Bühnenlaufbahn begonnen hatte, oder Obernigk im Katzengebirge, an das ihn die Erinnerung ans »*kleene Haus samt seinem Schindeldächel und a Tannen, die vur der Türe stihn, däm bissel Gaarten, däm Taubenschlage und där grünen Laube*« band. Sie hielt sich ein unstetes Künstlerleben lang an »*fritzischen*« Wällen und malerischen Bauden, an sakralen Kostbarkeiten und Schlössern, der aufragenden gotischen Baukunst des Nordens und dem quellenden Barock des Südens fest ... an »*Erlebüscheln*« und »*an den liebe Vieche uf der Weede*«. Seine Sehnsucht galt den Erholungslandschaften der schlesischen Berge, die nur recht kannte, wer selbst einmal zwischen Altvater und Görlitzer Landeskrone gewandert war.

Karl von Holtei starb 1880 in Breslau, ein paar Jahre nur, nachdem der Protestant das liebgewordene Asyl im Hotel »*Zu den drei Bergen*« mit dem Kloster der barmherzigen Brüder eingetauscht hatte. Seine Schlesier stellten ihm zu Ehren eine Büste über rotem Granit auf Breslaus ehemalige Ziegelbastei, der sogenannten Holteihöhe, und erbohrten im einst von ihm besungenen Bad Reinerz, Preußens höchstgelegenem Badeort, den Holtei-Sprudel.

Rund 70 Jahre nach Holteis Tod sollte dem Dichterwort eine neue, weit schmerzlichere Bedeutung zukommen. »*Heem*« war für den in weltweiter Emigration lebenden Landsmann Holtei alte geschichtliche Landschaft geblieben: Mutter Schläsing, die den Neustamm der Schlesier jeweils rund 200 Jahre in Böhmens, Habsburgs und schließlich Preußens Kulturkreis gehü-

tet hatte. Ein Landstrich, der soweit die materielle und geistige Kultur seiner Bewohner zurückreichte, deutsch gewesen ist. Allerdings deutsch auf jene typisch schlesische Art, die immer auch von einer deutsch-polnischen, deutsch-tschechischen Nachbarschaft zeugte. Doch deutscher Schlesier konnte jetzt nur noch sein, wer das Schlesierland verlassen hatte.

Weiterhin fühlte sich der Schlesier Holteis Ahnenreihe aus Gottsuchern, Dichtern, Denkern und übrigen Talenten verbunden, einer Fülle großer Namen, da der Landstrich nie Mangel an bildungsstolzen, tatkräftigen Bürgern hatte. Unverändert galt des Schläsingers »*Heem, suste weiter nischt, ack heem!*« den alten, buchtigen Konturen eines Eichenblatts. Weitgehend Unbekanntem wie Weltende, Nimmersatt, Storchnest oder Bauerwitz (Alt-Poppelau, Allerheiligen, Kieferstädel oder Vogelgesang). Streng Lokalem wie dem Oppelner Knietsch, dem Smortawer Seeweibel, Zobtens »*Blauem Hirsch*« oder Ohlaus Loge »*Friedrich zur aufgehenden Sonne*«. Kulinarischem wie »*Schweinebroten, Sauerkraut und Kliessel*«, Jauerschen Würstel, Ohlauer Gänseleber, Karpfen in polnischer Soße (Liegnitzer Gurken und Bomben, Beegla, Mohfinken, Quirlfett auf Brot, Hermann Fürst von Pückler-Muskaus dreifarbigem Fürst-Pückler-Eis). Rundweg Schlesischem wie Breslauer Schöps und Toller Wrangel, dem Taubengustel, Nupper Hermonn, Safte-Karle und der Kunigunde. Derbvolkstümlichem wie der sprachlichen Komik von Antek und Franzek. Übernatürlichem wie dem Riesen Sprejnik und dem Berggeist Rübezahl. Einem Schweidnitzer-Straßen-Bummel, deutscher Fröhlich- und slawischer Lustigkeit. Gabeljürgen. Bauden und Gruben. Sitten und Bräuchen. Hab und Gut.

Es galt den vom Freiherrn von Eichendorff beschriebenen Tälern und Höhen, dem »*wunderbaren Lied im Waldesrauschen der heimatlichen Ber-*

Karl von Holtei. Der lange von Schlesien getrennt lebende Schlesier, Sohn eines österreichischen Rittmeisters aus Breslau, gilt Landsleuten als Kronzeuge echten Schlesiertums.

ge«, dem der Idylle besingende Oberschlesier den Adel der Dichtung verlieh. Es stand für die Identifizierung mit der dichterischen Gestalt Gerhart Hauptmanns, die die Gebirgswelt auch jenseits der Datumsgrenze von 1945 noch mit den Worten erfüllt: »*Diese Wälder, die uns umgeben, sind meine Wälder, obgleich sie nach dem Gesetz Eigentum eines anderen sind. Diese Berge sind meine Berge, mein Himmel ist der Himmel über mir. Und dies alles zusammen hat eine Seele, die meine Seele ist*«. Es erinnert an Carl Hauptmanns »*In meiner Träume Heimat/ Blühst du noch,/ Klingt noch dein Lied./ In meiner Träume Heimat/ Kann keine Blume verwelken,/ Kein Lied kann verwehn*« und stellt die Verbindung her zu Holteis holteischlesischem »*Lieber Got luß de schläsingsche Treue nich vergiehn/ Ack su lange wie ünse Gebirgel stiehn!*«.

Doch »heem« war jetzt ein Eichenblatt, das politisch gesetzte Zäsuren wie der Ausgang des Ersten Weltkriegs in 3 Länderkomplexe mit dem Namen Schlesien (slask, slezsko) aufgesplittert, dessen Bevölkerung der Zusammenbruch des Deutschen Reiches im Frühjahr 1945 wie auf einem Schachbrett hin und her verschoben hatte.

Schlesiens Berge und Wälder, das Land zwischen der Klimainsel Grünberg (Zielona Góra) und Pless (Pszczyna) am Plessebach war wie eh und je eine Reise wert, mit Goethe weiterhin »*zehnfach interessant*«. Doch Städte, Menschen und Landschaften hatten ihr Gesicht geändert, gehörten zu einem anderen Volk. Der Neustamm der Schlesier, Familien wie die Moltke, Schaffgotsch, Henkel-Donnersmarck, Reden, Humboldt, Gneisenau (Huber, Haertel, Schwartze, Scholz) waren ausgezogen, Deutschlands Osten Polens Westen. In den Straßen von Striegau (Strzegom) oder Glogau (Glogów) wurde eine andere Sprache gesprochen, in den Häusern von Krummhübel (Karpacz) und Brieg (Brzeg) der Tisch anders gedeckt. Und überall Namen, die trotz eindrucksvoller Zeugnisse baulichen und künstlerischen Schaffens aus deutscher Zeit als Assoziationen ihre Bedeutung allmählich verloren: Breslau, wo Friedrich Wilhelm III. den Orden vom Eisernen Kreuz stiftete, Lessing aus Ärger über das Niveau des deutschen Lustspiels die Minna von Barnhelm schrieb, Lasalle den Allgemeinen Deutschen Arbeiterverein gründete und – anno 1894 während des 8. Deutschen Turnerfests – das erste öffentliche Fußballspiel in Deutschland über den Rasen ging, hieß jetzt Wroclaw auf gut polnisch, Liegnitz Legnica, Strehlen Strzelin. Aus Holteis Obernigk war Oborniki Slaskie geworden, des Dichters Büste über der Oderfurt hatte man geschleift. Breslau lag in Schutt und Asche, Schloß Trachenberg (Zmigrod) hatten die Sieger abgefackelt, Schlesiens Westeckpfeiler Görlitz (Zgorzelec) war geteilt, von Ratibors (Racibórz) ehrwürdigem Domi-

»Heimatlos«: 1933 in die Emigration gezwungen, schreibt Max Hermann-Neisse (auch: Neiße) viele seiner Gedichte – »die schönsten vielleicht seit Heinrich Heine« (Stefan Zweig) – im Exil.

Heimatlos

Von Max Hermann-Neisse

Wir ohne Heimat irren so verloren
und sinnlos durch der Fremde Labyrinth.
Die Eingebornen plaudern vor den Toren
vertraut im abendlichen Sommerwind.
Er macht den Fenstervorhang flüchtig wehen
und läßt uns in die lang entbehrte Ruh
des sichern Friedens einer Stube sehen
und schließt sie vor uns grausam wieder zu.
Die herrenlosen Katzen in den Gassen,
die Bettler, nächtigend im nassen Gras,
sind nicht so ausgestoßen und verlassen
wie jeder, der ein Heimatglück besaß
und hat es ohne seine Schuld verloren
und irrt jetzt durch der Fremde Labyrinth.
Die Eingebornen träumen vor den Toren
und wissen nicht, daß wir ihr Schatten sind...

nikanerkloster St. Jacobi, vom Barockschloß in Carlsruhe (Pokoj), von Schloß Lubowitz (Lubowice) grüßten die Ruinen.

Rübezahl, der im Rübenzählen geübte Berggeist des Riesengebirges, suchte den Wanderer jetzt als polnischer Pan Liczyrzepa oder tschechischer Krakonos zu necken. Die Oder, in der die Breslauer einst badeten, die Brieger ihre Kahnpartien veranstalteten, die Ohlauer fischten, floß als Odra weiter. Dem deutschen Anspruch auf Schlesiens Identität und Geschichte war der Gründungsmythos des Kardinals Wyszynski gegenüber gestellt, dem *»die polnisch sprechenden Steine von Wroclaw«* die historisch-moralische Legitimation verliehen. Des Schläsingers Schlesierland war ein historischer Begriff.

Mit dem Ende des Kalten Krieges, nach *»Völkerherbst«* und deutsch-polnischen Verträgen über Nachbarschaft und Zusammenarbeit, kann Schlesien heute wieder nachgeholt werden. Holtei, wäre er in unsere Zeit geboren, würde dazu *»de Welt ruckt alle Tage«* sagen. *»Die deutsche Kultur hat einen bedeutenden Beitrag zur polnischen geleistet, und umgekehrt«* (Lech Walesa). Wo es zu deutsch-polnischen Beziehungen kommt, bleibt das Land an der Oder, das sich aufgrund seiner geographischen Lage und wechselvollen Geschichte als eine Schlüsselregion für ein *»gemeinsames Haus Europa«* anbietet, im sensiblen Bereich. Doch als Wroclaw im Jahre 2000 sein tausendjähriges Bestehen feiert, darf auch Breslau – beschrieben, besungen und beschossen – wieder Gegenwart und Vergangenheit haben.

Es ist ein neuer Mut zur Erinnerung, der die Steine von Wroclaw (Bystrzyca Klodzka, Pilawa, Bytom Odrzanski ...) neben Polnisch erneut Deutsch sprechen läßt. Gerade dort, wo sie tatsächlich tischkerieren (schles. für diskutieren), haben sie auf Holtei- und Oberschlesisch, Neiderländisch, Glätzisch oder *»Äberlausitzsch«* einiges nachzu

Max Herrmann-Neisse (eigentl. Max Hermann aus Neisse), Oberschlesiens sozialer Lyriker und Romancier, starb heimatvertrieben 1941 in London.

holen, viel zu erzählen. 1000 Jahre gemeinsames Erbe, Geschichte und Geschichten, Epochen, Stichworte und Namen, aus denen die Deutschen das Recht ableiten, sich mit Schlesien als einer deutschen Kulturlandschaft beschäftigen zu können, kommen wieder zu Wort. Da ist etwas vom Gottsucher Böhme drin, von der mystisch-frommen Empfindsamkeit eines Angelus Silesius, der lasziven Sinnlichkeit Hoffmannswaldaus. Vom Fühlen Logaus und Grüblertum Carl Hauptmanns. Etwas vom Träumen Eichendorffs. Schon als Student hatte der Ritter der deutschen Romantik polnisches Erzählgut gesammelt und ins Deutsche übersetzt.

Bernd G. Längin

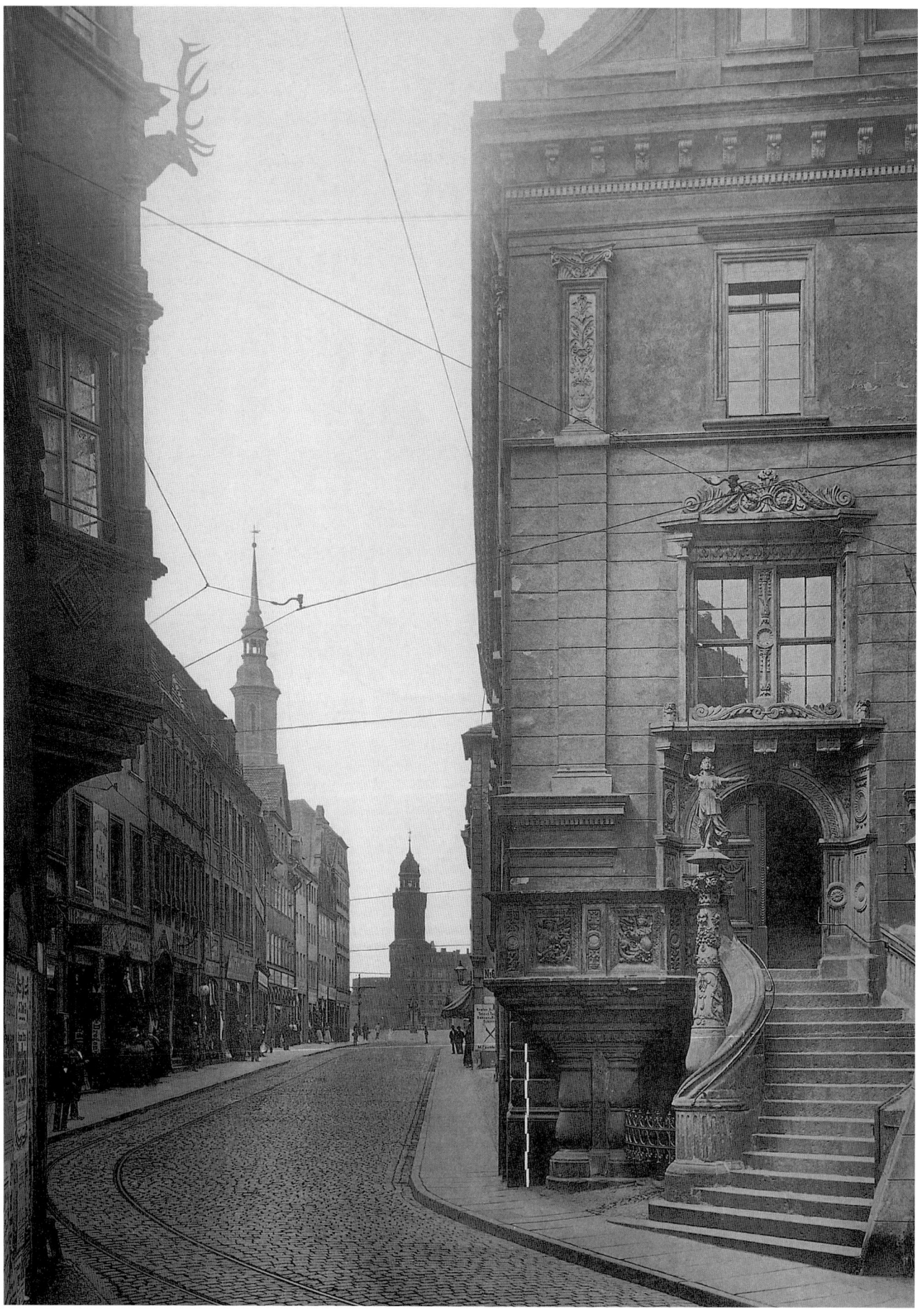

Von Liegnitzer Bomben, Rübezahl und einem Kaisertrutz

Aus den Kreisen Grünberg, Freistadt, Sagan, Sprottau, Glogau, Lüben, Bunzlau, Goldberg-Hainau, Jauer, Schönen, Bolkenhain, Landeshut, Hirschberg, Löwenberg, Lauban, Rothenburg, Hoyerswerda, Stadt und Land Liegnitz , Görlitz.

Andreas Gryphius, der von der Vergänglichkeit alles Irdischen erfüllte schlesische Barockdichter und Polyhistor, gilt der Nachwelt gleichzeitig als Vater des deutschen Lustspiels und des klassizistischen Dramas. Die berüchtigte Schlacht von 1241, die auf der Wahlstatt über der Niederung von Katzbach und Weidelache mit der totalen Niederlage des Westens gegen den Osten endete, hat er in »*Henricus der Fromme, oder die Schlacht der Christen und Tartaren vor Liegnitz*« allerdings unmißverständlich als Trauerspiel verarbeitet. Dabei hatte es die Ironie der Geschichte Europas tatsächlich ganz anders gewollt: Nachdem der Kampflärm verebbt und das Haupt Heinrichs II. im Koischwitzer See versenkt worden war, »*flutschten*« (schles. für davonlaufen) nicht die Besiegten, sondern die um den Mongolen-Großkhan Ügedei trauernden übermächtigen Sieger. Schlesische Städte, Stände, Weh-

Andreas Gryphius (1616–1664) aus Glogau, Deutschlands bedeutendster Lyriker und Dramatiker der Barockzeit.

Görlitz: Blick von der Brüderstraße auf Schönhof und Untermarkt. Der 1526 von Stadtbaumeister Wendel Rosskopf d. Ä. errichtete Schönhof – ein aus drei schmalen Stadthäusern zusammengefügtes Hallenhaus – gilt als ältester bürgerlicher Renaissancebau Deutschlands.

Seite 10: Blick vom Görlitzer Untermarkt in die Brüderstraße. Im Vordergrund die Rathaustreppe mit der Justitia-Säule, seit Generationen ein beliebtes Fotomotiv.

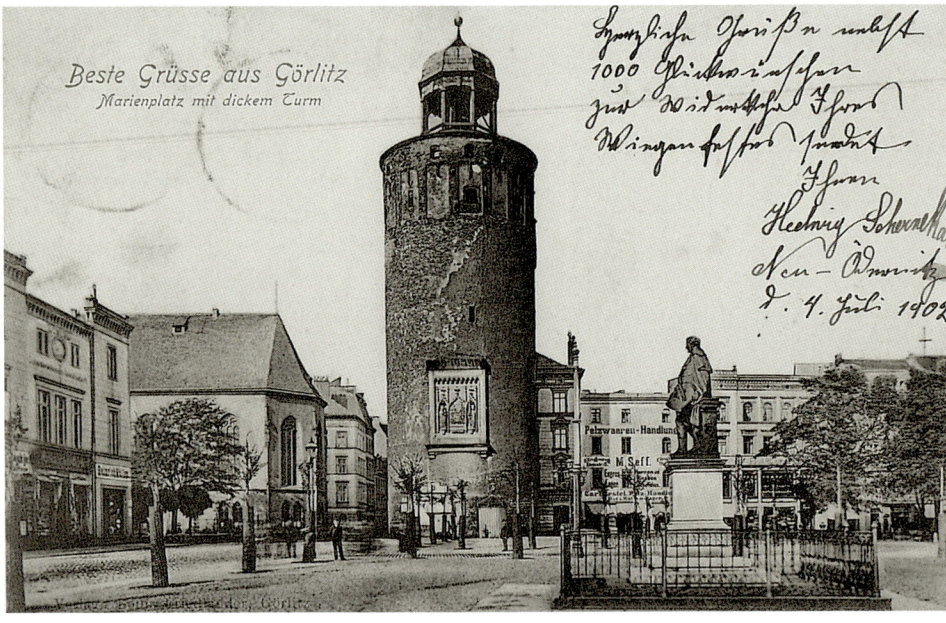

Gruß aus Görlitz mit Marienplatz und »Dickem Turm«. 1305 erstmals erwähnt, trägt der mächtige Rundturm in der Görlitzer Altstadt das der kaisertreuen Stadt von Kaiser Sigismund verliehene Wappen.

Matthias Corvinus der Große (1443–1490). Im Krieg zwischen Ungarn und Böhmen (Matthias und seinem Schwiegervater Georg Podiebrad) nach Schlesien eingedrungen, läßt sich der Ungarnkönig von der Stadt Breslau huldigen.

ren der Bergknappen, Bürger und Bauern hatten zusammen mit einem deutsch-polnisch-böhmischen Ritterheer eine Schlacht verloren, um den eigentlichen Krieg zu gewinnen. Das christlich-europäische Abendland war gerettet, Schlesien fortan ein erster Hüter westlicher Kultur (und eine *»Liegnitzer Bombe«* – man nehme Butter, Honig, Zucker, Milch, dazu Mandeln, Korinthen und Zitronat ... – bis in unsere Tage hinein eine süße Leckerei).

Als Heinrich II., Sohn Heinrichs *»des Bärtigen«* und der Herzogin Hedwig von Andechs-Meranien, Enkel der Adelheid von Sulzbach, Urenkel der Agnes von Österreich, bei Liegnitz den Heldentod starb, um unsterblich zu werden, war eine ganze Reihe schlesischer Städte bereits gegründet. Die ältesten darunter – Goldberg an der Hohen Straße, seit 1211 mit magdeburgischem, Löwenberg, seit 1217 mit deutschem Recht – lagen in jenem Raum zwischen den Hochkämmen des Isergebirges und der Südgrenze des Posener Landes, zwischen der Oberlausitz und Glogau, der von 1815 bis zum Ende des Ersten Weltkriegs das eigentliche Niederschlesien bildete.

Nach der Abwehr der Mongolen, in der die Schlesier einen der große Wen-

depunkte ihrer Geschichte sehen, kommen Neusiedler aus dem Reich in Wellen und Schüben, um sich zwischen den Oderwäldern und dem Gebirge frühe Dorffluren zu roden. Im Umzugsgepäck das *»jus teutonicum«* mit einem für die Augen der Zeit Höchstmaß an Freiheiten und Rechten, die den Ostwanderer verglichen zur Vorheimat regelrecht zum *»Freien«* machen.

Thüringer Siedler aus dem Saalegebiet und Franken aus dem Bamberger und Nürnberger Raum ziehen in die einst deftig als *»Sauwald«* bekannten Sudeten. In den Erzen des Schmiedeberg-Landeshuter Kamms, im Quarzgestein am Zacken, ernten sie die Schätze des Bodens. Das *»smedenwerk«* wird zum Grundstein Schmiedebergs, aus bescheidenen Köhler- und Meilerhütten werden Hain und Krummhübel.

Hirten und Vieh ziehen auf der Suche nach *»hönigen Gräsern«* aus den Tälern zu den Kammwiesen, deren Sennhütten als Vorläufer der berühmten Bergbauden dienen. Waldarbeiter, *»Puschleute«* genannt, wandern dem Baumstamm in die Berge nach, der Heidebauer schafft sich seine Sitze entlang der Wasserwege, Kaufleute lassen sich am Kreuzungspunkt wichtiger Handelsstraßen nieder. Einzelhöfe, Häuslerstellen und Siedlungen wachsen sich zu Städten wie Sprottau oder Bunzlau am Bober, Naumburg und Lauban am Queis oder Schönau im oberen Katzbachtal aus. Schlesiens feste Städte erarbeiten sich ihre Bedeutung, können bald ähnlich wehrhafte Rollen übernehmen wie ihre großen Schwestern im Mutterland.

Das Handwerk versteht es, aus Quarzgestein kristallhelles Glas herzustellen. Den Glasmachern ziehen Glasschleifer, -maler und -schneider nach, die nicht selten aus dem Böhmischen kommen. Gemeinsam wird an Existenzen wie der »glashutte in dem schrieberhau« gebaut ... das gleiche Schreiberau, das sich – als Künstlertreff einmal vom Prädikat »schlesisches Worpswede« profitierend – mit seinen durch Wald und Wiesen verzettelten Ortsteilen räumlich gesehen selbst noch mit London messen kann.

Um 1500 dringen Meißner Bergleute im höchsten Teil des Gebirges bis in den Riesengrund vor, als Mitbringsel den schätzehütenden Bergmönch Rübezahl, jenes Geheimnis der heimatlichen Sagenwelt, das nach Carl Hauptmann so alt ist wie »die moosigen, grünspiegelnden Felsen, die in die feuchten Gebirgsschluchten hängen, alt wie die Bergquellen selber«. Bergleute suchen die Schluchten der Gebirgsbäche, gründen dort Siedlungen wie St. Peter und Aupa am Fuße der Schneekoppe, sind es dann auch, die dem Gebirgsabschnitt der Sudeten den Namen geben. Wo sie geschlagene und geschälte Baumstämme zum Einbau in den Stollen in Holzrinnen talwärts, hin zu den Klausen am Bergbach schieben, werden die Rutschen »Risen« genannt. Die Bergkämme, auf denen sie kleben, sind die »Risenkämme«, die eines Tages das Gebirge zwischen Bober und Zacken mit einiger Wahrscheinlichkeit zum »Riesengebirge« machen. Zu jenem Bergland, das Othmar Fiebiger im Heimatlied besingt:

»Blaue Berge, grüne Täler,/ mitten drin ein Häuslein klein,/ herrlich ist dies Stückchen Erde,/ denn ich bin ja dort daheim ... Riesengebirge, deutsches Gebirge,/ meine liebe Heimat du.«

Blick auf Görlitz. Die turmreiche Stadt im Neißetal, deren slawische Wurzel in Zgorzelice (Brandstadt) oder Gora (Berg) steckt, wird nach 300 Jahren mit dem Königreich Sachsen Preußen zugeschlagen. Sachsens Verlust ist Schlesiens Gewinn.

Alt-Görlitz. Die Stadt an der Lausitzer Neiße, die es nach 1945 zweimal gibt, ist als »Villa Gorelitz« seit 1071 beurkundet. In Görlitz-Ost schließen die Machthaber von links und rechts des Flusses den sog. »Görlitzer Vertrag«, der die Oder-Neiße-Linie als »Friedensgrenze« anerkennt.

Jakob Böhme, Schuhmacher, Mystiker und Theosoph aus Altseidenberg bei Görlitz, »der erste Ostdeutsche von europäischem Rang«.

Nachdem sich ein gewisser Joachim Eureus aus Freistadt im 15. Jh. den zusammengewürfelten zeitgenössischen Schlesier näher angesehen hat, beschreibt er ihn als »*in seiner Gemütsart meist schwankend zwischen sanguinisch und melancholisch ... Deshalb trifft man bei den ungebildeten Leuten eine gewisse natürliche Traurigkeit, Ernsthaftigkeit oder bäurische Schamhaftigkeit an. Wo aber durch Erziehung und Gewöhnung erworbene Kultur vorhanden ist,* *zeigt er sich nicht nur in bester Weise aller Künste fähig, sondern hat auch eine leichte Geschicklichkeit, Großes zu vollbringen*«.

Mit den Siedlern kommt das Tuchmacher- und Leinenweberhandwerk. Was der Ostwanderer an Kleidung braucht, wird als eigenes Gespinst und Gewebe gesponnen und gewoben. Dünner und weniger fadenbrüchig wächst in dem feuchten, kühlen Bergland der Flachsstengel, mit

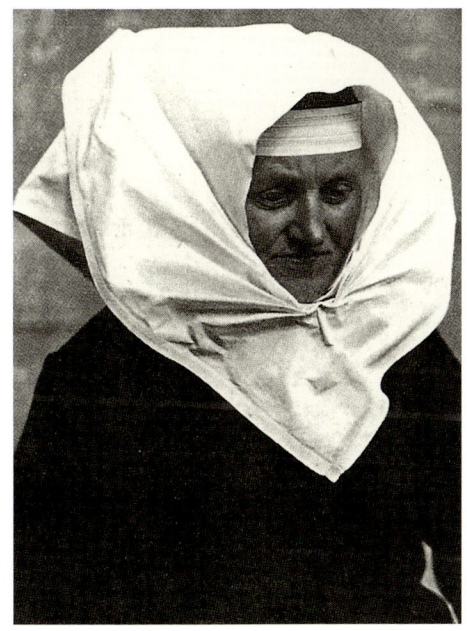

Sorben aus dem Umland von Hoyerswerda. Die Lausitzer Sorben (oder Wenden) haben sich ein ausgeprägtes Brauchtum erhalten. Zum Kirchgang trägt das Bauernmädchen neben dem weißen Stirnband noch die grüne Schleife an der Kappe, die trauernde Bäuerin das weisse, gestärkte Trauertuch.

klarem Quellwasser lassen sich in ozonhaltiger Luft Garn und Leinwand zu blendendem Weiß bleichen. Schlesiens Gebirgsleinen bis hin zum feinen, kunstvollen Hirschberger Schleiergewebe kommt in Mode, was die Gebirgskette der Sudeten zur Manufakturlandschaft des Schlesierliedes macht: *»Weißes Linnen, Stolz der Mädchen,/ bleicht im gold'nen Sonnenschein,/ lustig schwirren Spill und Rädchen,/ Sang und Sage klingen drein«.*

Bald klappern Webstühle, drehen sich Spindeln in fast jedem Haus, fahren Schiffe mit schlesischem Leinen in alle Welt hinaus. Fridericus Rex empfiehlt seinen Soldaten – Burschen wie den Bayreuther Dragonern, Buddenbrockschen Kürassieren und Kleistschen Grenadieren, wie Zietens Roten Husaren – die Arbeit am Webstuhl als *»nicht unanständigen Nebenverdienst«.* Brachte ihm Schlesiens Leinwand nach eigenem Bekenntnis doch *»soviel wie* dem König von Spanien Peru« ein. Darunter jene sogenannten Friedensdecken (!), die in Bildweberei wie zufällig jene Kriege thematisierten, die Maria Theresias Edelstein zur Perle in Preußens Krone machten. (Dafür, daß seinen Soldaten nicht allzu viel Zeit für den Webstuhl bleibt, sorgt Friedrich allerdings selbst.)

Städte wie Hirschberg am Fuße des Riesengebirges, Bolkenhain, Greiffenberg oder Liebau entwickeln eine blühende Kultur. Schömberg am Raben- und Überschargebirge wird zur »Stadt des deutschen Handwebers«, seine ab 1707 gebaute Webersiedlung mit den Holzlaubenhäusern »Zwölf Apostel« und »Sieben Brüder« zum »Denkmal des schlesischen Handwebers«. Bereits 1787 ist laut Zeitzeugen »die Regi-

on des Gebirges vortrefflich in Tätigkeit, Moralität und Kultur. Die Bauern haben Lesegesellschaften, die der Pfarrer dirigiert, die meisten sind musikalisch. An manchen Orten führen sie Sonntags Haupt- und Staatsaktionen auf«.

Anno 1815 – wann immer der (Wiener) Kongreß nicht tanzte, feilschte er um Ländereien der französischen Vasallen – werden die Kreise Görlitz, Hoyerswerda und Rothenburg nach 300 Jahren mit Sachsen preußisch und dem als besonders staatstragend angesehenen Schlesien zugeschlagen. Die schwierige Aufgabe, die Verbindung zwischen Oderlinie, Oberlausitz und Niederlausitz aufzubauen, fällt dem alten Piastensitz Liegnitz als Hauptstadt des niederschlesischen Regierungsbezirks zu.

Niederschlesischer Bauernhof mit Vorlaube. In guten Zeiten hat der Bauer sein Wohnhaus großzügig ausgebaut. Genutzt werden die zahlreichen Zimmer jedoch nur selten … der Alltag der schlesischen Bauernfamilie spielt sich prominent in der Küche ab.

Bauernhaus am Bober im Kreis Hirschberg. Unter den Zuflüssen der Oder einer der prominentesten, entspringt der Bober im Hirschberger Kessel. Auf dem Weg zur Einmündung unterhalb von Crossen fließen ihm Lomnitz und Zacken, Queis und Tschirna zu.

Sachsens Verlust wird Schlesiens Gewinn. Ganz schuldlos am schnöden Handel waren jene Lausitzer, die Kenner in obere und niedere einstufen, allerdings nicht, wofür das turmreiche Görlitz am Austritt der Neiße aus den Lausitzer Bergen sicher kein schlechtes Beispiel ist. Die Stadt – bereits 1071 als »*Villa Gorelitz*« urkundlich erwähnt –

stand im Ruf, besonders wehrhaft zu sein. Hatten sich ihre Bürger aus stolzem Behauptungswillen heraus doch jenen »*Kaisertrutz*« errichtet, eine vorgeschobene Bastei, die im Dreißigjährigen Krieg Kaiserliche und Kursächsische zur Verzweiflung trieb (in der 1918 auch Kaiser Wilhelm »*getrutzt*« werden sollte). Pech dann für

Hirschberg aus der Vogel-schau. Mittelpunkt der Kreisstadt im Talkessel zwischen Riesen- und Bober-katzbachgebirge ist das Rathaus (1747–1749) auf dem vom Laubenhäusern gesäumten Marktplatz, dem für Schlesiens alte Städte charakteristischen »Ring«.

die Görlitzer, daß sie in den Freiheitskriegen nicht klar genug zwischen Preußenkönig Friedrich Wilhelm (»*ward von den Mädchen fast zu Tode geschmissen mit Blumen*«) und Blüchers le vieux diable Napoleon (»*wir empfingen ihn als Friedensgeber*«) unterscheiden konnten. Das wurde ihnen als »undeutsches Verhalten« ausgelegt.

Görlitz ist die Stadt Jakob Böhmes, »*a Kupp fier sich*«, den Schriften wie »*De triplici vita hominis oder Vom dreifachen Leben des Menschen*« und »*Aurora oder Morgenröte im Aufgang das ist: Die Wurzel oder Mutter der Philosophiae, Astrologiae und Theologiae ...*« zum Philosophus Teutonicus und »*ersten Ostdeutschen von europäischem Rang*« machten. Hier war es im Schatten der fünfschiffigen Peterskirche, wo

Böhme – in begnadeten Stunden die Einheit mit Gott erlebend – »*die Sonne oft verloschen, aber wieder aufgegangen, und je öfter sie verloschen, desto heller und schöner wieder aufgegangen ist*«. Es war somit im Sächsischen, wo er sich Nachgeborenen mit seinem so bezeichnendem Gottsucher- und weltverbesserndem Prophetentum als »*typisch schlesisch*« empfiehlt. Zur Fußnote wird darüber, daß der Bauernsohn und gelernte Schuster aus Altseidenberg damit die herrschende Ideologie der Kirche verstieß, wofür ihn der Görlitzer Oberpfarrer zum Kirchenfeind erklärte, was in jenen Tagen durchaus ein geistiges Todesurteil sein konnte.

Was für Görlitz der Bürger Böhme ist für Bunzlau der Fleischersohn Martin Opitz (geadelt: O. von Boberfeld), der im 17. Jh. – aus der Fülle der Künste das geschriebene Wort herausgenommen – die geistige Landschaft des Reiches entscheidend bereicherte. 1624 im Dienste der protestantischen Herzöge von Liegnitz und Brieg, 2 Jahre später Sekretär des eifrigen Katholiken Graf Karl Hannibal von Dohna, läßt Opitz sein in nur 5 Tagen geschriebenes *»Büchlein von der deutschen Poeterey«* erscheinen, mit dem er die Reinigung der deutschen Sprache, dazu die Grundlage zu einer auswärtigen Vorbildern ebenbürtigen deutschen Dicht- und Verskunst schaffen will. Die Bedeutung des Bunzlauers liegt dann weniger im dichterischen Schaffen, als im ästhetisch-technischen Einfluß, den sein Lehrbuch auf das poetische Handwerk des Jahrhunderts ausübt.

Die leidgeprüfte, stark religiös bestimmte Zeit des Dreißigjährigen Krieges, die zum großen kulturellen Höhepunkt des von Habsburg beherrschten,

vorwiegend von Protestanten besiedelten Landstrichs führt, teilt Andreas Gryphius aus Glogau, dem alten *»ubs Glogua«* im fruchtbaren Schwarzerdegebiet der niederschlesischen Ebene. Lebenslust und Todesangst, Pest und fremde Soldateska im eigenen Land: Gryphius' Dichtung, von der üppigen, artistisch überfeinerten Schreibart des Marinismus geprägt, glänzt kerndeutsch wie mannhaft durch ihre Volkstümlichkeit. Im Jahre des Herrn 1662 hat die *»Fruchtbringende«* als bedeutendste deutsche Sprachgesellschaft des Barock den Pfarrersohn dafür unter dem Namen *»der Unsterbliche«* in ihre Reihen aufgenommen.

Im niederschlesischen Regierungsbezirk, nach Hermann Stehr durch *»Größe ohne Ausschweifung, inniges Wesen ohne Süßlichkeit, Ernst ohne Härte und Tiefe ohne Düsterkeit«* gezeichnet, liegen Städte und Stätten wie Niesky, *»Kuhbeuthen«*, Kotzenau, Lü-

Blick vom Rathausturm auf die barocken Bürgerhäuser am Hirschberger Ring. Im 18. Jhdt., das Hirschberg zum Zentrum der Leineweberei und Schleierfabrikation erhob, wurde der den Marktplatz umfassende Laubengang von Kaufleuten als Verkaufshalle genutzt.

ben, Fraustadt (Armenruh, Winzig, Traunicht oder Paßauf), wie die Tuchmacher- und Würstelmetropole Jauer an der Wütenden Neiße und das für seine malerischen Laubenhäuser gelobte Bolkenhain. Im Niederland eiber de Auder/über der Oder, mit seinem Zentrum Glogau, hat Friedrich II. Soldaten angesiedelt, die ihm dabei halfen, Schlesien zu erobern.

Muskau glänzt durch Fürst Pücklers prächtige Gartenanlagen mit Arbore-

tum und Ananaszucht, Weißwasser im Zentrum des Braunkohlenbergbaus durch branchenführende Glaswerke, Polkwitz ist an Steinen so reich, daß seine Bewohner geflügelt steinreich sind. Im Bauerndorf und Gutsbezirk Sto(h)nsdorf/Kreis Hirschberg wird der Kräuterbitter »Echt Stonsdorfer« destilliert, Löwenbergs Umgebung liefert den Sandstein zum Bau des Brandenburger Tors und des Reichstags in Berlin. In Blüchersruh hat Gerhard

Schömberg: Laubenhäuser am Ring. 1214 als Ackerbürger- und Webersiedlung ausgesetzt, hat sich die Stadt im Tal des Ziederbaches ihr historisches Erscheinungsbild erhalten. Im Besitz des Zisterzienserklosters Grüssau wird auch Schömberg 1793 von den Weberunruhen berührt.

Hermann Fürst von Pückler-Muskau (1785–1871). Schriftsteller und Gartenkünstler aus Muskau hat Fürst Pückler Englands landschaftlichen Gartenstil in Deutschland zu Geltung gebracht. Den Nachruhm verdankt er bis heute allerdings jenem Sahneeis, das – weiß-rot-braun – seinen Namen trägt.

*Lauban im Vorland des Iser-
gebirges. Mittelpunkt der
planmäßigen Stadtanlage
am Ufer des Queis sind
Rathaus (1539–1541) und
Ring, in deren Umfeld die
Textilindustrie floriert. 1945
wird die Stadt, »die der Welt
die Nase putzt«, erheblich
zerstört.*

*Bunzlau: Ring und Rat-
hausplatz. Die wechselvolle
Geschichte der Stadt »des
guten Tons« ist mit Disso-
nanzen durchsetzt. Von
Hussiten niedergebrannt, im
Dreißigjährigen Krieg ab-
wechselnd in der Hand von
Kaiserlichen, Sachsen und
Schweden, sieht der Gebirgs-
kreis Bunzlau im August
1813 ein Gefecht zwischen
Alliierten und Franzosen.*

Leberecht Blücher, der kernige Generalfeldmarschall der Freiheitskriege und Fürst von Wahlstatt, in einem Turm aus Zobten-Granit seine letzte Ruhestätte gefunden. Die Taschentücherstadt Lauban »putzt der Welt die Nase«, ein ebenfalls putzender Effekt kann daneben auch dem im fröhlichen Grünberg gekelterten Wein nicht abgesprochen werden.

Roter Traminer, Grüner Silvaner aus Deutschlands nördlichstem Weinbaugebiet: »Wer ihn trinkt, den durchschauert es/ wer ihn trank, der bedauert es/ Er hat etwas so Versauertes, daß es sich nicht läßt mildern/ Und nur schwer ist zu schildern in Worten oder Bildern.« (Johannes Trojan, der so urteilte, war Danziger.)

Geschichte und Geschichten schrieb Goldberg am Hochufer der Katzbach, das seinen Namen Goldfunden verdankt, die im Mittelalter hier aus dem Flußsand gewaschen wurden. Von Goldberg aus führte Valentin

Trotzendorf aus Troitschendorf, reformatorischer Pädagoge und Dictator perpetuus des protestantischen »Academicum«, seine theologischen Auseinandersetzungen mit Caspar von Schwenckfeld, dem himmlischen Philosophen und Landsmann aus Ossig bei Lüben. Hier war es, wo Trotzendorf, wenn er die Zeit dazu fand, seine Schulklasse so regelmäßig wie schematisch mit »Grafen, Kaiserliche und Fürstliche Räte, Konsuln, Herren, Superintendenten, Leibärzte, Generals, Kaufleute, Handwerker, Büttel, Henkersknechte und Lumpenkerls« begrüßte.

Gegensätze und Gemeinsamkeiten wie in Trotzendorfs Academicum spiegeln das Hin und Her der schlesischen Geschichte, wie es sich am reichen Angebot von Schlössern, Klöstern, Rathäusern und Burgenherrlichkeiten, an Dreifaltigkeit- und Staupsäulen ablesen läßt. Noch erinnern das Schweinhaus (oder Sauhäusl) bei Bolkenhain an die Ritter von Schweinichen, Burg

Bunzlauer Töpfer. Seit dem frühen 16. Jhdt. werden in der Stadt am Ufer des Bobers Tonwaren hergestellt. Markenzeichen des »Bunzlauer Glases«, dessen Keramiken und Porzellan Weltruf besitzen, ist das Motiv des Pfauenauges.

*Bunzlau: Schwibbogen zum
Markt mit Rathausturm.
Bunzlaus Rathaus hat im
frühen 16. Jhdt. ein älteres
Bauwerk abgelöst, der Rathausturm wurde 1776 mit
der von Preußens Adler gekrönten Barockhaube er-
gänzt.*

*Martin Opitz (geadelt O.
von Boberfeld / 1597–1639).
Der vom römisch-deutschen
Kaiser Ferdinand II. zum
Dichter gekrönte Fleischersohn aus Bunzlau bestimmt
als Lehrer der Poeten den
literarischen Zeitgeschmack.*

Talkenstein an die schlimmen (Raub)
Ritter von Talkenberg, der schaff-
gotsche Kynast über dem wilden Höl-
lengrund des Riesengebirges an die so
schöne wie herzlose Männerfeindin
Kunigunde. Das Jesuitenkolleg in Liegnitz unweit der Vereinigung der Katzbach und des Schwarzwassers weist auf
Habsburgs Willen zur Gegenreformation hin, Sagan auf das Schicksal des
kaiserlichen Oberfeldherrn Albrecht

Wenzel Eusebius Wallenstein und den
schlesischen Magnaten Hans Ulrich
Graf von Schaffgotsch, Schwager der
Herzöge von Brieg und Liegnitz.

Vergessen sind die Zeiten, als in des
großen Friedrichs Schlesien, wenn
auch etwas grob gesehen, noch jeder
nach seiner Fasson glücklich werden
konnte. Die Säkularisierung, eine An-
gleichung an geltende preußische Verhältnisse, hat das religiös-beschauliche

Haynau am linken Ufer der Schnellen Deichsa: Blick auf das Gotteshaus zu Unserer lieben Frau am oberen Ende der Platzanlage Ring. Um 1400 ausgebaut, steht die katholische Pfarrkirche mit dem wuchtigen Turm nach der Reformation im Dienst der Protestanten.

Fangapparate aus Haynau: Anzeigen der Firmen Weber und Grell & Co. Mit dem Rückgang der Gewerbe konzentriert sich Haynaus Wirtschaft, lange von Tuchmachern und Leinewebern bestimmt, auf neue Industrien. Prominent darunter die Firma Weber, Deutschlands älteste Raubtierfallenfabrik.

Leben aus Niederschlesiens Klöstern verbannt. Das Kloster von Liebenthal im Isergebirgsvorland wird als Mädchenschule und Lehrerseminar genutzt, die Klosteranlage Wahlstatt im Zuge der Heeresreform als preußische Kadetten- und Erziehungsanstalt. Wo Braunauer Nonnen einst die Regeln des Benedikt von Nursia befolgten, werden Absolventen wie der zukünftige Generalfeldmarschall Paul von Hindenburg oder der rote Kampfflieger Manfred von Richthofen mit Preußens militärischen Traditionen vertraut gemacht. Bekanntester Kommandeur von Wahlstatt war Holtei-Neffe Wilhelm von Chappius.

Von Gegensätzen und Gemeinsamkeiten sind auch die geschichtlichen und geistigen Persönlichkeiten aus dem niederschlesischen Raum geprägt. Unter ihnen der adelige Caspar von Schwenkfeld, der von allen Konfessionen geächtete Sektierer, Johann Heermann, der »schlesische Hiob«, der Saganer Abt Johann Ignatz Felbiger, der das katholische Landschulreglement für Schlesien entwarf, dann Österreichs Schulwesen neu organisierte, und Johann Wilhelm Ritter, der Begründer der Elektrochemie. Aus einer männerorientierten Welt stechen die zornigen Frauen von Löwenberg heraus, die sich im sogenannten Löwenberger Weiberkrieg von 1631 gegen die Rekatholisierung stemmten. Daneben die als deutsche Sappho gefeierte Schneidersfrau Anna Luise Karsch (»Karschin«), jene kraftvolle schlesische Frauengestalt,

die – »*Als Friedrichs große Macht in Schlesien marschiret,/ Da bin ich gleichfalls mit als Volontair passiret*« – dem Alten Fritz einst ihr: »*Held, die Natur und Deine Siege machten mich zur Dichterin*« zugerufen hatte.

Carl Gotthard Langhans, der Erbauer des Brandenburger Tors in Berlin und des Hatzfeld-Palais in Breslau, kommt aus Landeshut, die Schriftsteller Heinrich Laube und Otto Julius Bierbaum aus Sprottau bzw. Grün-

berg, der vom Schriftsetzer zum Reichstagspräsidenten aufgestiegene Politiker Paul Löbe aus Liegnitz. Die Schleier- und Tuchmachermetropole Hirschberg ist Geburtsstadt von Flugkapitän Hanna Reitsch, Testpilotin der Luftwaffe, und des expressionistischen Dichters Georg Heym.

Von Böhme zieht sich die Linie über das Dichter- und Denkertum eines Opitz und Gryphius hin zum Iser- und Riesengebirge, zur Welt der Gebrüder Hauptmann, zur idealen Stimmungslandschaft des nachhaltig grübelnden Hermann Stehr. Im weltentlegenen Weiler Agnetendorf hat Gerhart Hauptmann, 1862 in Obersalzbrunns Gasthof »Zur Preußischen Krone« geboren, ein halbes Jahrhundert verbracht. Bedeutendster Dramatiker der naturalistischen Generation, war er es, der die dichterische Begabung seines Stammes weit über Deutschlands Grenzen hinaustrug, was ihn in den Augen seiner Landsleute zum Symbol des Schlesiers schlechthin machte. Bruder Carl, der vielleicht schlesischste der schlesischen Dichter, steht in seinem Schatten, doch an Begabung kaum nach. Zum Dreigestirn zählt Hermann Stehr aus Habelschwerdt, Dorfschullehrer in Pohldorf und Dittersbach. Als Meister des schlesischen Romans in die Preußische Dichterakademie aufgenommen, wird Stehr ab 1933 als »Künder der deutschen Seele« gebraucht.

1941 wird Niederschlesien selbständige Provinz, 1945 bleibt Böhmes Görlitz vom großen Weltbrand weitgehend verschont. Trotzendorfs Goldberg wird zur Hälfte, Opitz' Töpferstadt Bunzlau zum Großteil, Gryphius' »Oderfestung« Glogau völlig zerstört ... was der Klage des Barockdichters »Du siehst, wohin du siehst, nur Eitelkeit auf Erden / Was dieser heute baut, reißt jener morgen ein«, dem dualistischen Grundprinzip Böhmes, daß jedes Ding nur durch sein Gegenteil existiert, zu neuer Aktualität verhilft.

Der Ausgang des Zweiten Weltkriegs unterstellt Niederschlesien mit Ausnahme der Kreise Görlitz, Hoyerswerda und Rothenburg der polnischen Verwaltung. Die Ost-West-Verschiebung Polens macht die Neiße, die sich aus dem Isergebirge kommend nördlich von Guben mit der Oder vereinigt, zum Grenzfluß, eine endgültige Regelung der Grenzfrage bleibt einem zukünftigen Friedensvertrag vorbehalten.

Nach der Datumsgrenze von 1945 dient Gerhart Hauptmanns im Zeitgeist des Jugendstils am Fuße der Schneegruben erbaute Villa Wiesenstein, die – »Bin ich noch in meinem Haus?« – das Sterben des Schriftstellers adelt, staatliches Kinderheim, sein Geburtshaus in Obersalzbrunn (Szczawno Zdroj) als Sanatorium. Mit dem Verblassen der historischen Dimensionen des alten deutschen Ostens wird das rote, ins Braune spielende Bunzelgeschirr in Bayern, die »Kräuterwohltat mit der Waldhimbeere« Stons-

Seite 26 oben: Blick auf Sprottau. Die Kreisstadt im Mündungsdreieck von Sprotte und Bober zählte – einem slawischen Marktflecken entwachsen – rund 200 Jahre zu Böhmen, zu Habsburg und zu Preußen.

Seite 26 unten: Freystadts katholische Pfarrkirche St. Mariä (15./16. Jhdt.) nordwestlich des Rings.

Sagan: Teilansicht des Rings mit der Stadtapotheke und der katholischen Pfarrkirche Mariä Himmelfahrt. Im frühen 13. Jhdt. gegründet, zählte Sagan einst zum Besitz des kaiserlichen Feldherrn Wallenstein, der ab 1628 den Titel »Fürst von Sagan« trug.

Liegnitz: das »Alte Rathaus« mit dem barocken Neptunbrunnen (1731). Mit dem sogenannten »Alten Rathaus« am Liegnitzer Oberring hatte der lokale Baumeister Franz Michael Scheerhofer zwischen 1737 und 1741 ein noch älteres ersetzt.

Das Liegnitzer Schloßtor. Im Zeitalter der Reformation in strategisch wichtiger Lage, sieht sich Liegnitz – nach der Schlacht auf der Wahlstatt als deutsche Stadt gegründet – zum Ausbau seiner Festungsanlagen gezwungen. Zeugnis der Bauperiode ist Meister Georg von Ambergs Schloßportal (1533).

Laubenhäuser am Ring von Bolkenhain. Über der Stadt im Tal der Wütenden Neiße die zinnengekrönte Bolkoburg, die mit der Säkularisation aus dem Besitz des Klosters Grüssau an den preußischen Staat übergegangen ist.

dorfer Bitter in Norderstedt hergestellt, die Abtei Grüssau (Krzeszow)
in Bad Wimpfen am Neckar neube-
gründet. Die Josephinenhütte des Grafen Schaffgotsch, einst bedeutendste
Kunstglashütte Schlesiens, verbindet
sich mit Schwäbisch Gmünd.

Rübezahl, Carl Hauptmanns un-
heimlicher Zauberunhold, tollster
Marktschreier und Bauernklotz, dessen Gunst und Gnade so viele Gebirgs-
schlesier einmal erfahren haben wollen? Der unpolitische Berggeist, dessen
Geschichten so zahlreich sind, »daß einer mit seinem zahnlosen Kindermunde
beginnen und mit seinem zahnlosen
Greisenmunde aufhören müßte, sie zu
erzählen«, lebt im alten Schlesien weiter. Doch ob nun Deutsche, Polen oder
Tschechen ... so richtig gesehen hat ihn
immer noch keiner (auch wenn der eine oder andere das Gegenteil be-
schwört). Dem Wanderer in »*Hergotts
Lustgarten*« geht es einfach immer
noch so wie einst dem Gastwirtsohn
Hauptmann: Sie sehen sich nicht di-

Agnetendorf mit Gerhart
Hauptmanns burgähnli-
chem »Haus Wiesenstein«.
In seiner Dichtervilla über
dem einst von böhmischen
Protestanten gegründeten
Gebirgsdorf im Kreis Hirschberg hielt sich Hauptmann
seit 1901 bevorzugt auf.

Gerhart Hauptmann (1899
am Strand auf Hiddensee).
Schlesiens Klassiker, der die
dichterische Begabung seines Stammes weit über
Deutschlands Grenzen hin-
aus getragen hat, stirbt 1946
im polnisch verwalteten
Agnetendorf. Auf Hiddensee
wird er begraben.

rekt nach dem den Erdenmenschen neckenden, den Armen helfenden Rübezahl um, können jedoch nicht verhindern, daß er sich – verpucht nuch amool – hin und wieder nach ihnen umsieht.

Gerhart Hauptmann (1862–1946) im »Haus Wiesenstein«. Bedeutendster Dramatiker der naturalistischen Generation, empfing Hauptmann in Agnetendorf Dichterkollegen wie Hugo von Hoffmannsthal, den Regisseur Max Reinhardt und den Theaterkritiker Alfred Kerr.

Carl (Ferdinand Max) und Gerhart (Johann Robert) Hauptmann. Aus dem Duell der »feindlichen Brüder«, als Schriftsteller auf ähnlichem literarischen Rang, geht der Dichter der »Weber« als Sieger hervor. Während Gerhart Hauptmann heute als Dichterfürst weiterlebt, ist das Werk Carl Hauptmanns nahezu vergessen.

*Im Riesengebirge: Schnee-
grube und Reifträgerbaude
am Gebirgskamm. Das
Hauptgebirge des Sudeten-
systems war mit einer durch-
schnittlichen Kammhöhe
von 1250 m neben den Alpen
die bedeutendste Gebirgs-
landschaft des Deutschen
Reiches. In höheren Lagen
finden sich die sogenannten
Bauden, deren Besitzer Vieh-
zucht oder Wiesenbau betrieben, die zugleich als Sennhütten und Gasthäuser
dienen. Das Riesengebirge ist
die Welt Rübezahls. Keine
andere deutsche Sagengestalt
ist mit einer klar umrissenen
Region so verbunden wie der
schätzehütende Bergmönch
mit dem Landstrich zwi-
schen den Quellen des
Zacken und jenen des Bober.*

Quarschädel, Bärge und 666 Dichter

Aus den Kreisen Namslau, Groß-Wartenberg, Oels, Trebnitz, Militsch, Guhrau, Steinau, Wohlau, Neumarkt, Breslau-Land, Ohlau, Brieg, Strehlen, Nimptsch, Münsterberg, Frankenstein, Reichenbach, Schweidnitz, Striegau, Waldenburg, Glatz, Neurode, Habelschwerdt.

Mittelschlesien, der alte Regierungsbezirk Breslau, ist keine Einheit, eher der Dreiklang einer Landschaft aus Ebene, Hügelland und Gebirge. Flachland überwiegt, doch zum Wahrzeichen des Bodens beiderseits der Oder machten die Schlesier den Zobten, Holteis *schinnen blooen Hügel«*. Den

heidnischen Götter- und Germanenberg *»mons Silencii«*, der sich mit 718 m kegelförmig aus dem Zobtengebirge, dem alten Siedlungsraum der Wandergemeinschaft der Silinger erhebt.

Schlesiens Mitte ist als Wiege des Landes randvoll mit Städten und Stätten gefüllt, die als Zeugen einer rund 700jährigen deutschen Geschichte dienen: In Trebnitz, der Wirkungsstätte der hl. Hedwig, ist es eine dreischiffige Basilika, in der Striegauer Straße zu Schweidnitz das Elternhaus von Manfred und Lothar von Richthofen, das bis 1945 der Erinnerung an 120 Luftsiege der beiden berühmten Kampfflieger des Ersten Weltkriegs dient.

In der friderizianischen Paßfestung Silberberg, westlich von Frankenstein, sind es *»Slot und Rigel«* des Romans *»Ut mine Festungstid«*, die den jugendlich-stürmischen Mundartdichter Fritz Reuter einschlossen. Die Festungsmau-

Seite 32: Kanzel und Logeneinbau in der Klosterkirche Trebnitz. Auf dem Gelände des Trebnitzer Nonnenklosters verbrachte die oberbayerische Grafentochter Hedwig von Andechs-Meranien nach dem Tod Heinrichs I. ihre Witwenzeit.

Stadt und Festung Glatz. Überragt von mächtigen Festungsbauten, die einst den Übergang von und nach Böhmen beherrschten, steigt die Stadt terrassenförmig von der Glatzer Neiße auf.

*Brücktorbrücke (1390)
und Minoritenkirche in
Glatz. Die historische
Brücke über dem Mühlen-
graben verbindet die Alt-
stadt mit dem barocken
Gotteshaus. Der Orden der
»Minderbrüder« ist in
Glatz, Schlesiens erster ge-
schichtlich bezeugter An-
siedlung, seit Mitte des 13.
Jhdts. belegt.*

Manfred Freiherr von Richthofen (1892–1918). Ferne Vorfahren des roten Kampf-fliegers aus Kleinburg lebten als Schultzes in Bernau bei Berlin. Das Prädikat »von Richthofen« stammt aus dem Jahr 1561, der preußi-sche Feldherrntitel ist mit »Breslau 1741« datiert.

St. Annas »schiefer Glocken-turm« in Frankenstein. Eine Erdsenkung, die den Turm der Pfarrkirche St. Anna in Schieflage brachte, hat die Stadt am Ostrand des Eulengebirges zum »schlesi-schen Pisa« gemacht.

ern von Glatz hielten Wallensteins Ge-folgsmann Hans Ulrich Graf von Schaffgotsch fest, zuletzt Oberbefehls-haber der Kaiserlichen in Schlesien, be-vor er – »*ein gottergebenes Herz stirbt überall wohl*« – auf dem Haidtplatz zu Regensburg enthauptet wurde (das Hinrichtungsbeil wird im Glogauer Museum ausgestellt).

Auf dem Ufer der oberen Lohe liegt der Schatten eines Ratsherrn von Lo-henstein, der hier die Kriegskasse des Kaisers vor dem Zugriff marodieren-der Schweden vergraben hat, bei Moll-witz errang Friedrichs Corps d'Armée, als »*agresör*« in Schlesien eingedrun-gen, einen ersten Sieg über Österreich. Friedrich selbst entkam einer bedenk-lichen Situation dank der Erfahrung des Grafen Schwerin und der Kleist-schen Grenadiere knapp, die Österrei-cher liefen in Richtung Grottkau und

Das Rathaus (1826–1864) am Ring von Frankenstein. 1286 durch Herzog Heinrich IV. als deutschrechtliche Kolonistensiedlung ausgesetzt, verdankt die Stadt den frühen wirtschaftlichen Aufstieg Tuchmachern und Leinewebern. Ring und Rathaus bleiben im Zweiten Weltkrieg unzerstört.

Neiße davon. Im Schloß Lissa kehrte Friedrich nach der Schlacht von Leuthen ein, dass er dabei wiederum der Gefangennahme nur knapp entging, ist wahrscheinlich ein gut erzählte Legende.

In Trachenberg schmiedeten Zar Alexander I., Friedrich Wilhelm III. und Marschall Bernadotte 1813 ihr Bündnis gegen das »korsische Ungeheuer«, in Rogaus Kirche wurde das Lützowsche Freikorps eingesegnet (hier: kampfgeweiht). Bei Ohlau liegt mit dem friderizianischen Reitergeneral Friedrich Wilhelm von Seydlitz der Sieger von Roßbach begraben, im Umland von Prausnitz und Militsch hatte Kaiser »Willem Zwo« bevorzugt Fasanen gejagt. Sibyllenort im Kreis Oels

Blick auf Reichenbach: Im Zentrum der Stadt der große, rechteckige Ring mit Rathaus, Kaufhaus, Tuchhalle und Handwerkerbänken in einem gemeinsamen Gebäudekomplex.

wurde nach 1918 Wohnsitz der sächsischen Königsfamilie, das nur 7 km entfernte Schloß Oels Domizil des Kronprinzen Wilhelm von Preußen. Im Waldenburgischen hatte sich die Organisation Todt noch 1944 daran gemacht, mit Fürstenstein Schlesiens umfassendste Schloßanlage zum Führerhauptquartier – nach anderen Quellen zu einem Gästehaus des Reiches – auszubauen, was begonnen, doch nicht mehr vollendet werden konnte.

Die Linie Waldenburg-Glatz-Mittelwalde, den Sudetenteil vom Iser- bis zum Reichensteiner Gebirge im Süden, reicht Schlesiens Kernland über Breslau und das fruchtbare Trebnitzer Hügelland hinaus ins breite, himmeloffene Niederungstal der Bartsch, grenzüberschreitend einmal dafür bekannt, dass hier Deutschlands Weihnachtskarpfen schwammen. »Bärge« finden sich über den Zobten hinaus etwa im Katzen- und Eulen-, im Glatzer-, Heuscheuer- und Habelschwerdter Gebirge. Vom Waldenburgischen aus konnte, wer wirklich wollte, zu Felsforma-

Büste Annas von Schweidnitz-Jauer (um 1339–1362) in der Triforiums-Galerie des Prager Veitsdoms. Als Gemahlin Karls IV. trägt die Erbnichte Herzog Bolkos von Schweidnitz-Jauer die römisch-deutsche Kaiserkrone.

tionen wie der Urne, dem Galgen, dem Hohlen Zahn oder der Unkeuschen Jungfrau aufsteigen. Erhebungen dann auch an einer Stelle unweit von Striegau, die der Volksmund mit »*Ee Striezel und zwee Quärge, doas sein de Striegau-er Bärge*« kleinredete. Die mit 230 m trotzdem einmal hoch genug waren, damit Preußens Artilleristen, den Geländevorteil nutzend, von hier aus Friedrichs Schlacht von Hohenfriedeberg beeinflußen konnten.

Im Banne Breslaus als der Städte Krone liegen der alte Piastensitz Brieg, das altertümliche Striegau und die uralte Deutschenburg Nimptsch. Schweidnitz am Fuße des Eulengebirges kann sich des höchsten Kirchturms Schlesiens rühmen, Glatz zeugt von böhmisch-österreichischer Vergangenheit. Daneben Ohlau, wo die Kunstschmiede Salat, Kraut und Riebe ein berühmtes Uhrwerk mit der Figur des Ohlauer Tods geschaffen haben, Münsterberg, Oels, Namslau oder Reichenbach ... schlesische Städte, die mit wenigen Ausnahmen den Ring, von der Anlage her ein Mitbringsel frän-

kischer und thüringer Einwanderer, als bildhafte Kostbarkeit in ihrem verkehrsmäßigen Mittelpunkt haben. Dieser Ring (poln. *Rynek*) ist ein rechteckig oder quadratisch ausgesparter Baublock mit Marktplatz, Rathaus, Verwaltungs-, Wirtschaftszentren, Kirche und 4 Häuserzeilen. Von hier strahlen die Straßen aus, wodurch sich für die Innenstädte ein beinahe schachbrettartiger Grundriß ergibt. An den Marktseiten stehen – schmal und tief aneinandergebaut, den Giebel zur Gasse – mitteldeutsch-mehrstockige Häuser. Besonders zum Gebirge hin finden sich davor jene charakteristischen Lauben, die es dem Kaufmann gestatten, auch bei schlechtem Wetter Waren auszulegen.

Die frühe schlesische Stadt war Zentrum für die umliegenden Bauernsiedlungen und Marktflecken, sie war umwehrt, um sich und die Dorflandschaft »*defendieren*« (schles. für verteidigen) zu können. Als typisch für die deutschrechtliche Siedlungsform galten das Straßen- oder Angerdorf im Altsiedelland und das Waldhufendorf im Ge-

birge und in dessen Vorland. Siedlungen, die neben polnische Kneten gestellt aus der Anlage der älteren, weilerartigen Slawendörfer wuchsen oder »aus grüner Wurzel« gerodet wurden, wofür der Weberort Peterswaldau/Kreis Reichenbach am Fuße des Eulengebirges oder Heinzendorf in der Grafschaft Glatz als besonders schöne Beispiele gelten.

Der Bauer drang, von polnischen Piasten gerufen und begünstigt, von grundherrlichen Lokatoren planmäßig geführt, als Pionier ins menschenarme Gebiet am östlichen Saum des Abendlandes ein. Dem Bauer folgten der Handwerker, der Städter, Ritter und Edelmann. Bauer, Handwerker und Städter, neben dem thüringisch-obersächsischen Hauptelement Vertreter aller deutschen Stämme, trieb kein un-

mittelbares politisches Ziel gen Osten. Hier lockten Bodenverteilung und Rechtsstellung, die günstiger waren als im Altreich. Hier boten sich der mittelalterliche Fernhandel und Marktverkehr dem deutschen Expansionsdrang an.

Die Bischöfe von Olmütz und Breslau unterstützten das Siedlungswerk nach Kräften, die weit ins Land vorgeschobenen Klöster und deren deutsche Mutterhäuser beteiligten sich an Rodung und Urbarmachung, kultureller und wirtschaftlicher Erschließung direkt. Die bodenständige polnische Bevölkerung wurde nicht verdrängt, durch die größere Leistungsbereitschaft und bessere Technik der Neusiedler jedoch allmählich überflügelt, wodurch die Eindeutschung Ostelbiens lange direkt mit Kirche und Kloster

... mit einer deutsch geprägten sakralen Landschaft verbunden blieb.

Leubus an der Oder, 1163 begründet und mit Zisterziensern aus Pforta an der Saale belegt, wird zu einem der größten gottesdienstlichen Bauwerke Europas erweitert (säkularisiert und profaniert dient das Kloster, das eng mit dem Lebenswerk des »*schlesischen Rembrandt*« Michael Willmann verbunden ist, dann als Heil- und Pflegeanstalt). Trebnitz, 1203 von Herzog Heinrich I. gestiftet, macht das Hochgrab der hl. Hedwig schon früh zum vielbesuchten Wallfahrtsort. Heinrichau bei Münsterberg, 1222 begründet und mit Zisterziensern aus Leubus belegt, wird zum Mutterkloster von Grüssau im Ziedertal, dem kulturellen Mittelpunkt des Riesengebirges.

Eine Gnadenstätte ureigener Art errichtete der Ritter Daniel Paschasius von Osterberg nach dem Vorbild Jerusalems. Ab 1683 bilden sich am Nordfuß der Heuscheuer, nordwestlich von Glatz, Nachahmungen der Erinnerungstätten wie Salomos Tempel oder Golgatha heraus, die der Papst 1936 als Wallfahrtsort privilegiert.

Nach den Bewegungen von Frühzeit und Kolonisation, der Völkermischung durch bäuerliche Landsuche, Invasionen, Glaubenskämpfe und der Bildung von Industriezentren, deren kaufmännischer Unternehmungsgeist gerade auch Menschen aus dem Osten anzog, schlägt sich Schlesiens Viefalt in der Einheit des schlesischen Typus nieder.

Ein Menschentyp, der mit Jakob Böhme »*in ein und demselben Acker steht, in den Gott ihn hineinsäte, um aus demselben Korn zu wachsen*«, der nach Hermann Stehr einem »*Sammelsurium*« gleicht, das sich »*schlafen legt wie ein Vlame, in den Tag springt wie ein draufgängerischer Franke, arbeitet wie ein Pole und sich, von einem sentimentalen Böhmen oder Wenden an der Linken, von einem verträumten Thüringer an der Rechten geführt, durch den Abend in die Nacht verliert*«.

Schlesische privilegirte Zeitung.

No. 34. Sonnabends den 20. März 1813.

Se. Majestät der König haben mit Sr. Majestät dem Kaiser aller Reußen ein Off- und Defensiv-Bündniß abgeschlossen.

An Mein Volk.

So wenig für Mein treues Volk als für Deutsche, bedarf es einer Rechenschaft, über die Ursachen des Kriegs welcher jetzt beginnt. Klar liegen sie dem unverblendeten Europa vor Augen.

Wir erlagen unter der Uebermacht Frankreichs. Der Frieden, der die Hälfte Meiner Unterthanen Mir entriß, gab uns seine Segnungen nicht; denn er schlug uns tiefere Wunden, als selbst der Krieg. Das Mark des Landes ward ausgesogen, die Hauptfestungen blieben vom Feinde besetzt, der Ackerbau ward gelähmt so wie der sonst so hoch gebrachte Kunstfleiß unserer Städte. Die Freiheit des Handels ward gehemmt, und dadurch die Quelle des Erwerbs und des Wohlstands verstopft. Das Land ward ein Raub der Verarmung.

Durch die strengste Erfüllung eingegangener Verbindlichkeiten hoffte Ich Meinem Volke Erleichterung zu bereiten und den französischen Kaiser endlich zu überzeugen, daß es sein eigener Vortheil sey, Preußen seine Unabhängigkeit zu lassen. Aber Meine reinsten Absichten wurden durch Uebermuth und Treulosigkeit vereitelt, und nur zu deutlich sahen wir, daß des Kaisers Verträge mehr noch wie seine Kriege uns langsam verderben mußten. Jetzt ist der Augenblick gekommen, wo alle Täuschung über unsern Zustand aufhört.

Brandenburger, Preußen, Schlesier, Pommern, Litthauer! Ihr wißt was Ihr seit fast sieben Jahren erduldet habt, Ihr wißt was euer trauriges Loos ist, wenn wir den beginnenden Kampf nicht ehrenvoll enden. Erinnert Euch an die Vorzeit, an

Der Stadtkern von Wohlau mit Rathaus (1659) und quadratischem Ring. Die Stadt am Rande des Schlesischen Landrückens hat manche Brandkatastrophe überstanden, der preußisch-nüchterne Charakter geht auf den Bauwillen Friedrichs des Großen nach der großen Feuersbrunst von 1781 zurück.

Ein Menschenschlag, in dessen Volksphantasie sich Gutmütig-Launisches mit Dämonischem und Gewitterhaftem mischt, der in der Vermengung von deutsch-germanischem (preußisch-evangelischem) und slawischem (polnisch-katholischen) Wesen dann trotzdem *so unverwechselbar schlesisch ist wie Schlesiens Berge, seine Ebenen, sein Himmel, seine Flüsse und Seen, die Schlesiens Blut keltern und seinen Geist formen«*. Der unverwechselbare schlesische Mensch, der rechts und links der Oder – hopsa, hopsa, rieber und nieber – jahrhundertelang

für Eintracht hält, was sich urplötzlich als Gegensatz erweist.

Zimperlich waren diese Schlesier übrigens nicht, derb konnte man sein. Wenn die Bielschowskys oder Guttentags, die Kabierschkes, Maruschkes oder Hirschsteins, Olowinskys oder Schoellers nach ein paar Gläsern *»Charthäuser gelb oder grün«*, Haase-Bier oder *»Pontifex«* die Gusch (Kostproben: Schnut, Klabatschker) aufmachten, konnte ein hagerer Mitbürger darüber schon einmal zum Dürrländer, das Bett zur Duftmulde und das zu früh geborene Kind selbst

Wallfahrtskirche und Kloster Trebnitz. Die Klosterkirche mit dem Grab der hl. Hedwig, im Rahmen der Säkularisation zur katholischen Pfarrkirche heruntergestuft, gilt als das älteste große Baudenkmal Schlesiens.

Die hl. Hedwig, Schlesiens Landespatronin, mit Agnes von Glogau und Ludwig I. von Liegnitz und Brieg im Hedwig-Codex von 1353.

dem Optimisten zum Verreckerle werden. Querscheit, Dickstäppel, Rabulsterkupp, Quarschädel, eigensinniger Dingrich ... einer wie Holtei gab sein

»*Wer ein böses Weib hat am Samstag,/ Der schneid 'nen Stecken am Montag,/ Prügle 's Weib am Dienstag./ Wird sie krank am Mittwoch,/ Holt er den Doktor am Donnerstag,/ Stirbt sie am Freitag,/ Begräbt er sie am Sonnabend,/ Hat er nen guten Sonntag*« gar als »*Schlesische Weisheit*« aus.

Der Schlesier wußte, was gemeint war. Jedenfalls tat er so.

Richtig ernst gemeint war es oh-

Kloster Leubus. Als Zisterzienserabtei im 12. Jhdt. am rechten Oderufer begründet und mit Mönchen aus Pforta an der Saale besetzt, wird Leubus zum Mutterkloster aller Niederlassungen des Ordens in Schlesien. In den Hussitenkriegen, noch einmal im Dreißigjährigen Krieg schwer zerstört und wieder aufgebaut, dient die größte und älteste Klosteranlage des Landes nach der Säkularisation dem preußischen Staat als Heil- und Pflegeanstalt. Für den Gottesdienst bleibt der katholischen Gemeinde lediglich die Klosterkirche erhalten.

nchin nicht. Ging ihm doch selbst das »de Hauptsach, ma hott gesunde Beene; do gieht ma der Arbet aus 'm Weg« noch allzu leicht über die Lippen, als schlesischer Fleiß das Land zwischen Grünberg und Pless autark, zu einer Kornkammer des Reiches und zur Industrielandschaft, tatsächlich zu einem riesigen Überschußgebiet gemacht hatte (wobei im Mittelschlesischen die linke Oderseite die längste Zeit etwas produktiver als die rechte war). Die Grundlage dafür bildet der Bauer, dem »Fabriker«, Kaufmann, Kumpel, Heim- und Handwerker nicht weit nachstehen. Mittelschlesiens Industrielandschaft hat Breslau zum Zentrum. Das Waldenburger Bergland zwischen Bober-Katzbach-, Eulengebirge und Landeshuter Kamm ist Steinkohlengebiet, außer dem Bergbau und den damit verbundenen Industrien macht die

Schloß Oels vom Turm der Schloßkirche aus gesehen. Kulturzeugnis einer wehrhaften Vergangenheit, wird die Oelser Burg im 16./17. Jhdt. im Renaissancestil ausgebaut. Einer der schönsten Herrschaftssitze Schlesiens, zieht Kronprinz Wilhelm von Preußen 1918 hier ein.

Glas- und Porzellanmanufaktur hier selbst dem berühmteren Meißner Porzellan Konkurrenz. Die Textilindustrie hat sich im Gebirge und in den Vorbergen ausgebreitet. Schweidnitz an der Weistritz trägt das Prädikat Leineweber- und Brauereistadt, aus Brieg kommen Maschinen und Leder, Ohlau ist Zentrum der chemischen und – *»Ock frischem Mut, a roocht sich gut«* – der Tabakindustrie. Zu Neurode gehört das größte Schamottewerk der Welt.

Die Grafschaft Glatz gilt als Schlesiens eigentliches Bäderland. Bad Kudowa, Deutschlands ältestes Herzbad, lockt mit kohlensäurehaltigen Eisensäuerlingen und dem weitgerühmten Kurhotel *»Fürstenhof«*, Kudowaer Brunnenwasser wird noch in Berlin als Allheilmittel verkauft. Das waldreiche Bad Altheide verspricht in seinem *»Prinzensprudel«* Erholung von Herz- und Nervenleiden. Bad Centnerbrunn bei Kunzendorf bietet Kaltwasser-

kuren, Bad Langenau radiumhaltige Moorvorkommen an. Bad Reinerz ist seit dem 15. Jh. als Kurort geschätzt. Goethe, Friedrich Wilhelm III. und die schöne Königin Luise waren hier, Chopin, Mendelssohn-Bartholdy, Adalbert von Chamisso und Friedrich II. Die schmerzhafte Gicht, die er sich in Schlesien geholt hatte – den Beinamen *»der Große«* erhielt er im 2., den Beinamen *»Alter«* im 3. Schlesischen Krieg – versuchte *»Fritz«* durch eine Schwefel-

wasserkur in Bad Landeck im Bielebogen zu heilen. Die Wanne, in der er gelegen hatte, wurde auf Jahre hinaus lokal ausgestellt.

Dem Freiherrn von Liliencron blieb vorbehalten, Schlesien wenn auch scherzhaft zum *»Land der 666 Dichter«* zu machen. Aus der Luft gegriffen war die Zahlensumme nicht, hat sich der schlesische Raum – *»bin ich Schlesier, bin ich ein Poet«* – Generationen hindurch doch zum dichterischen Schaf-

Ring und Schloßkirche von Oels. Die Stadt, 1230 erstmals genannt, wurde 1432 aus Angst vor den Hussiten von den eigenen Bürgern in Brand gesteckt. 1730 brannte sie mit Ausnahme von Schloß, 17 Häusern, der Propst- und der Johannes dem Täufer gewidmeten Schloßkirche noch einmal ab.

fen, als Sitz der Musen angeboten. Ob Bauer in der Kate, Grübler in der Kamurke, Kumpel im Stollen, Köhler am Meiler oder Flößknecht auf dem Fluß, ob Adeliger im Schloß oder umherziehender Literat ... häufiger als sonstwo stellte man sich hier die Frage nach der Sprache. Dazu regen die alten Gewerbe

Das Stadtportal des Brieger Schlosses. Über dem Schloß-tor, einem bedeutenden Werk der Renaissance, wachen die Figuren Herzog Georgs II. und dessen Ge-mahlin Barbara von Bran-denburg.

an, die bergmännische Welt, das wilde Gebirge, der mächtige Fluß und die weite Ebene, Riesen, Zwerge und Querxe, Schlesiens dämonischer Zauberbann, das Geschehen der Zeit oder forterzähltes Zeitgeschehen.

Die Vorliebe für Fragen des Daseins, des Schlesiers Freude am Dichten oder nur Weitererzählen individueller Erfahrungen, spiegeln sich in großen Namen wieder, unter Liliencrons 666 Dichtern sticht der eine oder andere heraus. Darunter Friedrich von Logau aus Brockut bei Nimptsch, der als bedeutendster Spruchdichter des Jahrhunderts den

Das Rathaus im Zentrum des Brieger Rings. Als außergewöhnlich an dem spätgotischen, in Renaissance und Barock ausgestalteten Bau, fallen die bastionartig aus den Laubenreihen vorspringenden Ecktürme auf.

Verfall des Menschlichen im Dreißigjährigen Krieg geißelte: »*Die Deutschen zogen stark/ Nach Frankreich, achtzugeben/ Auf dieser Sprache Laut/ und auf der Leute Leben/ Franzosen zieh'n jetzt stark/ in unser Deutschland aus/ Zu rauben unser Gut/ zu nehmen unser Haus*«.

Daniel Kaspar von Lohenstein aus Nimptsch, ein Vertreter der Zweiten Schlesischen Dichterschule, stand mit seinen Trauerspielen dem Wiener Hofgeschmack nahe. Johann Christian Günther, Arztsohn aus Striegau, glänzte als genialer Lyriker aus barockem Geist. Künftige Generationen würden

Der Ring von Namslau an der Weide. Im 13. Jhdt. deutschrechtlich gegündet, unter Kaiser Karl IV. stark befestigt, zeichnet sich die Stadt im Kampf mit den Gotteskämpfern der Hussitenkriege aus.

in ihm allerdings den »*letzten Schlesier*« sehen, wird es nach Günther doch vorerst still im schlesischen Dichterwald, der an der Blütezeit der deutschen Poesie von Klopstock bis Goethe und Schiller keinen Anteil mehr hat.

Gerhart Hauptmann regen die in der eigenen Familie forterzählten Weberunruhen in Peterswaldau, Kaschbach und Langenbielau zum sozial engagierten Drama »*De Waber*« an, das Schlesien weit über die Landesgrenzen hinaus mit dem Weber-Los der frühkapitalistischen Epoche verbindet: Seit dem 13./14. Jh. arbeiten Weber und

Tuchmacher in der Oderlandschaft, seit dem 16./17. Jh. zählten Leinenproduktion und -handel zu Schlesiens wichtigsten Wirtschaftszweigen. Im 19. Jh. entstehen der Leinenindustrie aufgrund des Siegeszugs von Baumwolle und Preußens Freihandelspolitik ernste Probleme. In England ist die Wagenspinnmaschine »*Spinning Jenny*« erfunden worden, mit der ein in Heimarbeit werkelnder schlesischer Weber nicht konkurrieren kann. Um konkurrenzfähig zu bleiben, zwingen Handelsherren und Verleger – Peterswaldaus zu Reichtum gelangte Gebrüder

Namslau aus der Vogelschau. 1945 wird die Stadt, die ihr Wahrzeichen – den von einer Renaissancehaube gekrönten Rathausturm – im Zentrum hat, von sowjetischen Truppen nahezu kampflos eingenommen, danach jedoch zur Hälfte zerstört.

Zwanziger als Synonym – den Handwerker, weit unter dem Existenzminimum zu arbeiten, was zu schweren sozialen Unruhen führt.

Heinrich Heine, der Düsseldorfer, erinnert an das Weberlos mit den berühmten Zeilen: »*Im düstern Auge keine Träne,/ Sie sitzen am Webstuhl/ Und fletschen die Zähne:/ Deutschland, wir weben dein Leichentuch,/ Wir weben hinein den dreifachen Fluch-/ Wir weben, wir weben!*«. Käthe Kollwitz schiebt den Zyklus »*Ein Weberaufstand*« hinterher. Schlesiens Hungeraufstand, Deutschlands erste proletarische Erhebung von überregionaler Bedeutung, war vom Militär blutig niedergeschlagen worden.

Auch Friedrich den Großen sollte Schlesien zum Schöpfen anregen. Nachdem seine altpreußische Generalität Österreicher und Sachsen beim Städtchen Hohenfriedeberg besiegt hatte, komponierte der in Waffen, Werken und Worten schlagfertige »*Philosoph auf dem Thron*« den Hohenfriedeberger Marsch »*Auf Ansbach-Dragoner,*

auf Ansbach-Bayreuth«. So jedenfalls die Legende (Grund genug, die Melodie eines Tages zum Pausenzeichen des Breslauer Rundfunks zu machen). Als Friedrich 1757 bei Leuthen den zahlenmäßig übergewichtigen Feind dank eines Flankenaufmarschs in schiefer Schlachtordnung wiederum »*verschnickt*« (schles. für verprügelt) hatte, gab es allerdings 1000 gute Gründe für das preußische Heer, anstelle des martialischen Hohenfriedeberger jenes »*Nun danket alle Gott*« anzustimmen, das von Stund an als »*Choral von Leuthen*« zum Mythos Preußen beiträgt.

Ins mittelschlesische Who's Who passen Persönlichkeiten wie Hans Carl von Diebitsch aus Großleippe, Feldmarschall und Chef des russischen Generalstabs, Preußens Gesetzgeber Carl Gottlieb Svarez (eigtl. Schwarz) und Albert Neisser, der Entdecker des Leprabazillus aus Schweidnitz, der Maler Oskar Moll aus Brieg, die Bildhauerin Renée Sintenis aus Glatz und Nobelpreisträger Paul Ehrlich aus Strehlen. Franz Eckert aus Neurode ist der

Paul Ehrlich (1854–1915), Mediziner aus Strehlen. Der Begründer der modernen Chemotherapie wird 1908 für seine Erfolge in der Immunitätsforschung mit dem Nobelpreis ausgezeichnet.

Helmut James Graf von Moltke (1907–1945) aus Kreisau. Im Zentrum einer Bewegung, die die Geheime Staatspolizei nach seinem schlesischen Familiengut den »Kreisauer Kreis« nennt, wird Graf von Moltke 1945 als Widerstandskämpfer in Berlin-Plötzensee hingerichtet.

Die Pogarthmühle in der Gemeinde Krummendorf am Rummelsberg. Höchste Erhebung des Hügellandes zwischen Strehlen an der Ohle und Münsterberg hat die Landschaft Generationen zum Weitererzählen vieler Sagen inspiriert. Eine davon erinnert an den geheimnisvollen Jäger, eine andere an die Teufelskegelbahn.

Schöpfer der japanischen Nationalhymne, der Theologe Johann Gottfried Elsner aus Gottesberg hat das Merinoschaf in Preußen und Österreich eingeführt. Zu Schlesiens bekanntesten Mundartdichtern zählen neben dem Breslauer Holtei Ernst Schenke aus Nimptsch und der »gemittliche Schläsinger« Hermann Bauch aus Heidersdorf, der als Dichter des »Sträselkucha« in Erinnerung bleibt. Helmut James Graf von Moltke stellt die Verbindung her zum Kreisauer Kreis, jener Widerstandsbewegung gegen Hitler, die bevorzugt auf Gut Kreisau, dem Familiensitz der Moltkes bei Schweidnitz, zusammenkam.

Zu allen Zeiten haben schlesische Persönlichkeiten – katholisch-österreichisch ausgerichtet nach Wien abgewandert, protestantisch-preußisch nach Berlin – erst fern der Heimat Karriere gemacht, was Josef Nadler zur Korrektur beflügelte: »*Vieles, was für*

Wiener und Berliner Eigentum gilt, ist in Wahrheit schlesische Schöpfung. Ein wesentlicher Teil schlesischer Geistesarbeit hat sich also gar nicht im Wohnbereich des schlesischen Volkes, sondern in Wien und Berlin abgespielt« ... in Prag und Jena, Danzig und Graz, dazu in Australien. Dort hatte Graf Paul Edmund von Strzelecki aus Glausche/ Kreis Namslau in der Nähe von Sydney das erste Gold des Kontinents entdeckt.

Nach dem Ersten Weltkrieg, als es vorübergehend ein Schlesien, ein weiteres Schlesien und ein drittes Schlesien gab (das eine deutsch, das andere polnisch, das dritte tschechisch), verlor Mittelschlesien Teile der Kreise Namslau, Groß-Wartenberg, Militsch und Guhrau an das wieder erstandene Polen. Der Wechsel der Souveränität machte Bewohner der abgetretenen Gebiete zu polnischen Staatsbürgern. Obwohl für eine andere Zeit geschrieben, sollten gerade sie schon bald an Friedrich von Logaus Sinngedicht erinnert werden: »Ein Krieg ist köstlich gut/ Der auf den Frieden dringt/ Ein

Fried ist schändlich arg/ Der neues Kriegen bringt«.

1945 wurden während des Vormarschs der Roten Armee Oels zu 70, der Brückenkopf Brieg zu 75 und Strehlen zu 80 Prozent zerstört. Trebnitz in den Hügeln des Katzengebirges fiel, obwohl kampflos aufgegeben, der Nachkriegsfurie zum Großteil zum Opfer. Das Kloster mit dem barocken Hochgrab der Hedwigskapelle, in der die Landespatronin nach Translation der Gebeine ruht, blieb als Ziel frommer Wallfahrer erhalten. Doch die deutschen Schlesier selbst waren jetzt von Trebnitz (Trzebnica) getrennt. Geschichte in mehrfacher Brechung, dazu ein Kreis, der sich geschlossen hatte: Für die Vertriebenen ist es das bayrische Benediktinerkloster Andechs, das stellvertretend für die alte Zisterzienserabtei des Katzengebirges die Erinnerung an die Tochter des Grafen Berthold IV. von Andechs-Meranien wachhält. Hier werden einige Reliquien der schlesischen Landesmutter Hedwig – Polens Sw. Jadwiga – aufbewahrt.

Bad Landeck an der Biele. Den Kurerfolg verdankt die Stadt in den Ausläufern des Reichensteiner Gebirges sechs unterschiedlich zusammengesetzten Heilwasserquellen. Vom Besuch Bad Landecks – unter Europas alten Heilbädern eines der ältesten – hatte sich Friedrich der Große einst Linderung der in den Schlesischen Kriegen zugezogenen Gicht versprochen.

Schlesiens Krone und Perle, der Städte Königin

Für Aeneas Sylvius Piccolomoni, den späteren Papst Pius II., ist Breslau um 1460 »*eine sehr geräumige Stadt an der Oder, mit privaten und öffentlichen Gebäuden prächtig geschmückt*«. Der lutherische Theologe Philipp Schwarzerd (gräzisiert: Melanchthon) fügt dem hinzu, daß sich hier »*so viele Männer aus dem Volke mit den Wissenschaften beschäftigen wie in keiner anderen Stadt des Reiches*«, was Breslau zu einer Stätte geistiger Studien mache.

Martin Opitz, der vom röm.-dt. Kaiser Ferdinand II. eigenhändig gekrönte Lehrer der Poeten, hielt die Stadt an der Oder für »*die Krone und Perle Schlesiens, der Städte Königin*«. Friedrich der Große gewann in den Schlesischen Kriegen den Eindruck, mit Breslau eine Stadt erobert zu haben, die man für »*eine der besten Deutschlands ... besser als Nürnberg, Augsburg und Danzig*« halten konnte.

Tatsächlich war sich auch Goethes Großonkel Johann Michael von Loen um 1716 noch sicher gewesen, daß er außer in den ganz großen Residenzen keinen Ort in deutschen Landen kannte, in dem »*mehr Fremde, mehr Adel, mehr geputzte Leute, mehr Kutschen und Pferde*« versammelt waren als eben in Breslau. Nur Goethe selbst hob sich dann aus der Reihe der Bewunderer der Odermetropole ab, als er im Jahre 1790 etwas von einem »*lärmenden,*

Seite 54: Breslau: Häuserzeile der Goldenen Radegasse in der westlichen Mittelstadt.

Die Schweidnitzer Straße mit dem Verlagshaus Rudolf Mosse. An Breslaus »Renne« liegen vornehme Geschäfte, ein bei der Jugend recht angesehener Straßenabschnitt gilt scherzhaft als »die unverheiratete Seite« der Stadt.

Die »Alte Ohle« von Nordwesten. Die Gasse in der Altstadt, einer der malerischsten Winkel Breslaus, dient als Schauplatz in Gustav Freytags Zeitroman »Soll und Haben«.

stinkenden Breslau« berichtete. Natürlich meinte der Dichterfürst damit – er wohnte im Haus Reuschestraße 45, wo 8 Jahre später mit Karl von Holtei ein Kronzeuge echten Schlesiertums geboren wurde – in erster Linie die Breslauer Altstadt. Also jenes Viertel um die Fachwerkhäuser an der alten Ohle, das Gustav Freytag zu einem Schauplatz seines Kaufmannsromans *»Soll und Haben«* machen sollte. »Breslau stinkt«: Ganz verzeihen konnten es

die Schlesier dem Weimarer Rat nicht. Goethes Dichterkollegen Joseph Freiherr von Eichendorff war es überlassen, das Bild der Stadt an der Oderfurt wieder zurechtzurücken: In Breslau stank es nicht! Eichendorff, der hier in altösterreichisch-katholischer Tradition das Josephskonvikt besuchte und nach einem Zwischenspiel als Lützowscher Jäger seine Laufbahn als Beamter begann, machte zwischen Ohle- und Lohewiesen eher einen geradezu *»fei-*

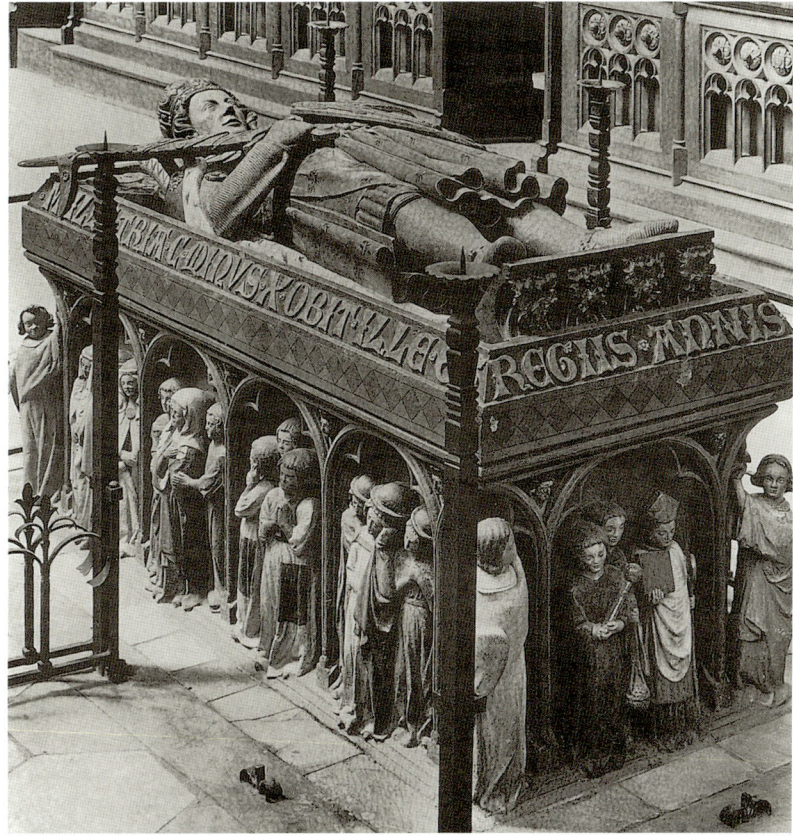

mals nicht mehr allzuviel überliefert – der Schlesier sagte in Fällen wie diesen *»nischt Genaues weeß ma nich«*. Doch nach Anlage im Weichbild der Grenzfeste des böhmischen Premysliden Wratislaus und Eroberung durch den polnischen Piastenherzog Mieszko muß der Grundstein zur Stadt wohl um das Jahr 1000 gelegt worden sein. Otto III., röm.-dt. Kaiser, gründete das Bistum Breslau als Teil des Erzbistums Gnesen, noch vor 1150 verlegten die ursprünglich aus Flandern eingewanderten Augustiner-Chorherren ihr Stift St. Marien vom Germanenberg Zobten auf die Breslauer Sandinsel. Von einer ersten steinernen Kirche, die Bischof Walther hier bauen ließ, überlebten ein paar Ziersäulen und ein Standbild des hl. Johannes die Zeit.

In kommenden Jahrzehnten entsprach Breslaus *»Germanisierung«* dann der Einrichtung eines unabhängigen Herzogtums und dem Grad der Loslösung seiner Piastenlinie von Po-

Grabtumba Herzog Heinrichs IV. von Breslau im oberen Altarraum der Doppelkirche zum hl. Kreuz und zum hl. Bartholomäus.

Folgende Doppelseite: Auf dem Breslauer Neumarkt. Als Marktplatz im frühen 13. Jhdt. angelegt, fehlt dem Neumarkt im Zentrum das für Schlesien typische Häuserviereck. An dessen Stelle steht seit 1732 jener steinerne Neptun, den Einheimische vertraulich »Gabeljürge« nennen.

nen Duft« aus, *»der über der wunderschönen Landschaft und den Türmen und Dächern zittert«.*

Zurück in Eichendorffs Tagen hatten in der Stadt am Kreuzpunkt wichtiger Fernverbindungen – der Hohen Straße vom Unterrhein zum Schwarzen Meer und dem alten Nord-Süd-Weg der Städtelinie Danzig-Thorn-Prag-Nürnberg – bereits rund 800 Jahre ihre Wachstumsringe hinterlassen. Von Breslaus Urbevölkerung war schon da-

len. Im frühen 13. Jh. residiert auf der Dominsel Herzog Heinrich I. *»der Bärtige«*, dem die später heiliggesprochene Hedwig aus dem Geschlecht der Grafen von Andechs-Meranien bereits im Alter von 12 Jahren *»in ehelicher Weise zugeführt«* worden war. 1241, beim Ansturm der nördlichen Heersäule der Mongolen gegen das Abendland, wird der Oderbrückenkopf Breslau, jetzt neben Krakau und Sandomir ein Hauptort des polnischen Reiches, weitgehend zerstört. Gerade noch rechtzeitig hatten die aus Schulpforta gerufenen Saalefischer bei St. Nikolei, die wallonischen Tuchmacher von Mauritius und die deutschen Kaufleute aus dem Umkreis von St. Adalbert ihre Häuser verbrannt, um auf die Dominsel zu flüchten. Denn während Breslau jetzt zum erstenmal unterging, wurde die *»terra sancta«* gegen den

Feind gehalten, was der Sage nach alleine der Fürsprache des Dominikaners Ceslaus zu verdanken war. Hatte Schlesiens Apostel doch so lange wie inbrünstig zu Gott gebetet, bis dieser ein furchtbares Gewitter schickte, das die furchtbaren Mongolen vertrieb. Herzog Heinrich II., Sohn Heinrichs *»des Bärtigen«* und Hedwigs, auf der Wahlstatt bei Liegnitz gefallen, findet sein Grab in der Vinzenzkirche.

Aus der Asche des Mongolensturms entstand südlich der Oder ein neues Breslau. Zentrum ist die viereckige Platzanlage *»Ring«*, eines Tages zweckentsprechend von Naschmarkt-, Sieben-Kurfürsten-, Grüne-Röhr- und Goldene-Becher-Seite eingegrenzt, und der Salzmarkt, der spätere Blücherplatz. Magdeburger Stadtrecht erhält die Bürgersiedlung im Jahre des Herrn 1261. Unter dem gefürsteten Minnesän-

ger Heinrich IV., dem – nicht unbestritten – das deutsche Minnelied *»Ich klage dir Maie/ Ich klage dir Sommerwunne«* zugeschrieben wird, ist »Bresslau« Residenz, damit Sitz geistlicher wie weltlicher Gewalten. Bischof und Fürst regieren in der Regel neben, nicht selten allerdings auch gegeneinander, wofür es gute Beispiele gibt.

Anno Domini 1335 – König Kasimir III. von Polen verzichtet *»für ewige Zeiten«* auf die Lehnshoheit über Schlesiens Fürstentümer – gliedert Breslau durch die unmittelbare Herrschaft Böhmens politisch in das übernationale Heilige Römische Reich ein. Schlesien blickt nach Prag, wo 1348 die erste deutsche Universität gegründet wird. Der mit der Erbnichte Herzog Bolkos von Schweidnitz-Jauer verheiratate Karl IV. räumt Breslaus Kaufleuten so weitgehende Rechte wie den Zugang zum russischen Handelsplatz Lemberg ein.

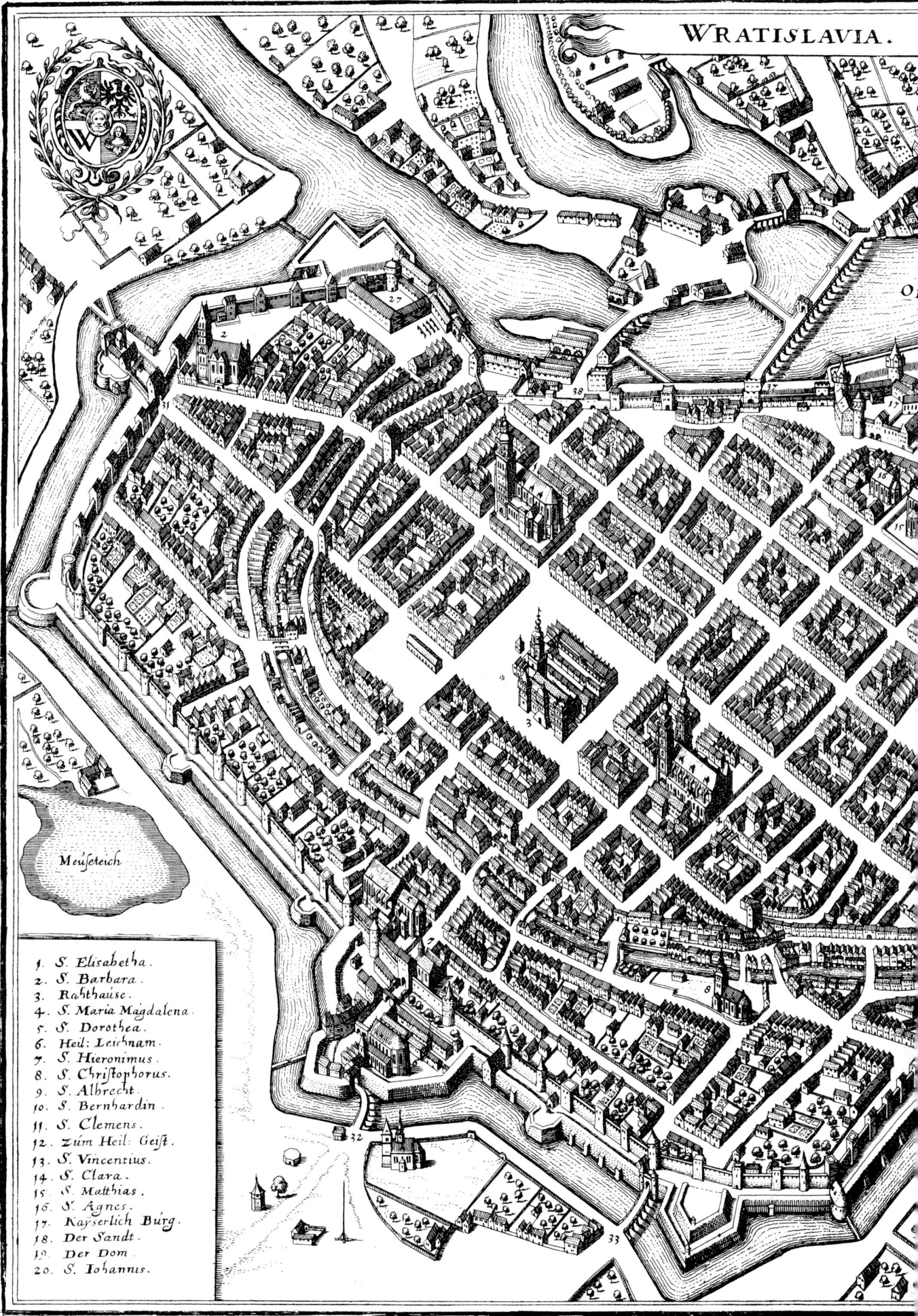

WRATISLAVIA.

Meuſeteich.

1. S. Eliſabetha.
2. S. Barbara.
3. Rahthauſe.
4. S. Maria Magdalena.
5. S. Dorothea.
6. Heil: Leichnam.
7. S. Hieronimus.
8. S. Chriſtophorus.
9. S. Albrecht.
10. S. Bernhardin.
11. S. Clemens.
12. Zum Heil: Geiſt.
13. S. Vincentius.
14. S. Clara.
15. S. Matthias.
16. S. Agnes.
17. Kayſerlich Burg.
18. Der Sandt.
19. Der Dom.
20. S. Iohannis.

reſʒlaw.

30

14

13

36

12

27

11

29

10

35

34

Olé Fluu.

25

18

24

23

21

22

19

20

26

FLVU

31. Heilig Creutz.
22. S. Petri vnd. Paulj.
23. S. Martinus.
24. S. Maria.
25. S. Anna.
26. Eilf 1000 Iungfrawen.
27. Zeughauſe.
28. New ſtatt.
29. S. Catharina.
30. Elbing.
31. Niclaus thor.
32. Schweidnitzer thor.
33. Taſchen thor.
34. Oliſche thor.
35. Ziegel thor.
36. S. Maria thor.
37. New thor.
38. Mühl thor.

Stadtplan Breslaus von Merian (1650). Der Stadtkern ist schachbrettartig angelegt, in der Mitte der große Ring. Um das Jahr 1000 im Weichbild einer Grenzfeste des böhmischen Premysliden Wratislaus gegründet, entwickelt sich Breslau zu einer der größten und wohlhabendsten Metropolen Deutschlands.

Unter seinem Landesherrn, dem böhmischen König und röm.-dt. Kaiser aus Luxemburger Haus, gewinnt der deutsche Osten an Einfluß.

Breslau, dessen erstes Rechnungsbuch (um 1300) noch als »Armer Heinrich« in der Geschichte steht, profitiert von neuen politischen Bindungen und der Zuwanderung aus dem altdeutschen Raum. Ab 1368 Mitglied der Hanse, baut es seinen Wohlstand als Umschlagsort und Stapelplatz an einem Schnittpunkt des europäischen Fernverkehrs auf. Mit dem Handel wächst das Gewerbe.

Seit dem Ende des 13. Jh. war der Breslauer Bischof Landesherr des Neisser Territoriums, wurde das »goldene Bistum« häufig von Neisse oder Ottmachau aus regiert. Nicht immer können sich die geistlichen Herren dabei auf weltlichen Beistand verlassen. Als es 1381 im sogenannten Bierkrieg zwischen dem Bischof und der Stadt Breslau etwa darum geht, Schweidnit-

zer Bier auf der Dominsel einzuführen, greift Böhmenkönig Wenzel auf Biertrinkerseite in den Händel ein. Der Regent von Gottes Gnaden läßt seine Soldaten so lange die in Breslau liegenden Kapitelgüter plündern, bis sich der Bischof zum Nachgeben gezwungen sieht.

1418 erheben sich die Zünfte, allen voran die Fleischer und Tuchmacher gegen die das Breslauer Stadtpatriziat bildende Kaufmannschaft. Fehde und vorhersehbares Ende entsprechen den Regeln der Zeit: Handwerker stürmen das Rathaus, enthaupten 6 Ratsmitglieder und stürzen ein siebtes vom Turm. Im Gegenschlag werden 23 Rädelsführer hingerichtet und – so jedenfalls die Überlieferung – unter einem Steinweg vor St. Elisabeth an der Nordwestecke des Rings recht unchristlich verscharrt.

Nach dem von Kaiser Sigismund nach Breslau einberufenen Reichstag (1420) kann sich die Stadt gegen die

Adolf Kardinal Bertram (*1859 Hildesheim, †1945). Kardinal und Fürstbischof von Breslau verbietet Bertram dem katholischen Klerus während des oberschlesischen Abstimmungskampfes die politische Agitation. 1933 sieht ihn im Kreis engagierter Gegner des Nationalsozialismus.

Georg Kardinal von Kopp, Fürstbischof von Breslau (*1837 Duderstadt, †1914). Durch Vermittlungsversuche zwischen Kirche und Staat während des Kulturkampfs hervorgetreten, wird der Oberhirte der reichsten und flächenmäßig größten Diözese des Deutschen Reiches 1906 von Kaiser Wilhelm II. geadelt.

Portal der Kirche der hl. Katharina. Im 14. Jhdt. als Stiftung Heinrichs V. errichtet, 1729 mit barockem Portal versehen, dient das Gotteshaus seit 1843 Breslaus Altlutheranern.

wilden Hussiten behaupten, im Streit der rivalisierenden Könige Matthias Corvinus von Ungarn und Georg von Podiebrad von Böhmen entscheidet sie sich mit päpstlicher Rückenstärkung für Matthias. Ab 1523 öffnet Breslau seine Tore der Reformation. Kommende Jahrzehnte sind vom mächtigen Aufbruch des religiösen Gedankens in seiner ganzen Gegensätzlichkeit gezeichnet, der Besitz der allerkatholischsten Majestät auf der idyllischen Dominsel bleibt respektiert.

Der Übergang Schlesiens an Habsburg (1526) erschließt den Breslauern erneut neue Handelswege, darunter jenen, der über Wien direkt nach Italien führt. Das Handwerk wächst parallel zum Aufblühen der Leinenweberei, 1561 vermessen, ist Breslau umfangreicher als Wien. Die Habsburger kommen aus einem deutschen Haus, wovon Schlesiens Deutschtum profitiert, ihre Macht ist Schlesiens Schutz. Das Wappen verdankt die Stadt Karl V.: Das erste Feld eines quadrierten

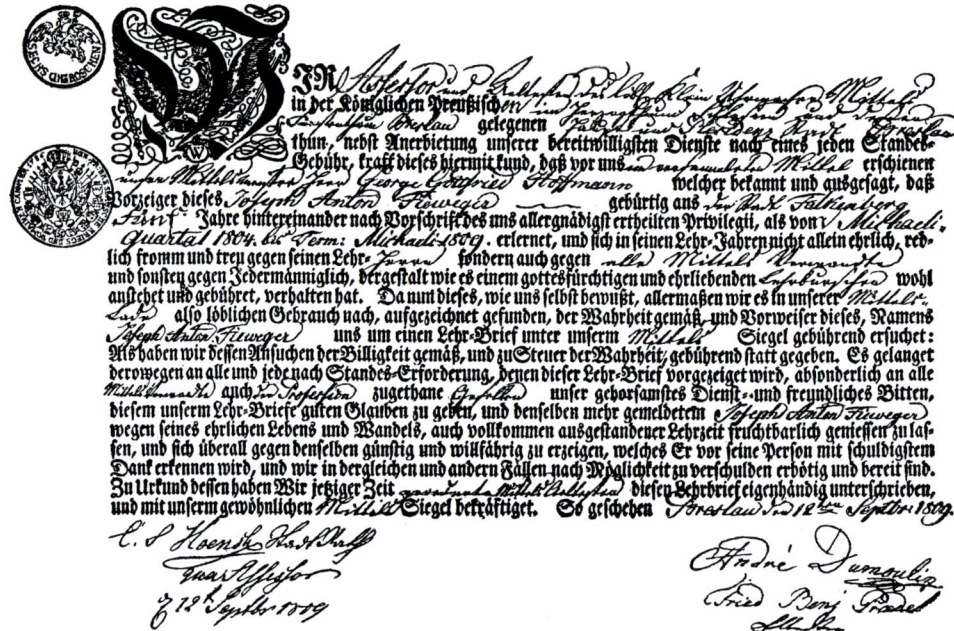

Schilds zeigt Böhmens doppelschwänzigen Löwen, das zweite Schlesiens Adler mit Brustmond und Kreuz, das dritte ein W für Wratislawia, das vierte den Kopf Johannes des Evangelisten, das Mittelschild das Haupt Johannes des Täufers. Die Erinnerung an Böhmen würde bis in unser Jahrhundert Schlesiens Zehnpfennigstück, der sogenannte »*Böhm*« wachhalten.

Nach dem zweiten Prager Fenstersturz, Auftakt zum dreißigjährigen europäischen Krieg, während Schweden, Sachsen und Brandenburger in der Stadt wüten, erreicht ihr geistiges Leben seine volle Blüte. In einer Zeit, in der es – so später der Wahl-Breslauer Lessing – »*fast zum allgemeinen Vorurteil eines guten Dichters in Deutschland gehörte, in Schlesien geboren zu sein*«, lassen neben Opitz die Dichter Daniel Kaspar von Lohenstein und Friedrich von Logau hier ihre Werke drucken. Hier weint der Zeitzeuge Gryphius anno 1636 seine »*Tränen des Vaterlandes*« aus:

»*Die Türme stehn in Glut, die Kirch ist umgekehret./ Das Rathaus liegt im Graus, die Starken sind zerhaun,/* *Die Jungfern sind geschänd't, und wo wir hin nur schaun,/ Ist Feuer, Pest und Tod, der Herz und Geist durchfähret*«.

Zwei gebürtige Breslauer stärken den Ruf der schlesischen Dichtkunst, wie sie die deutsche Literatur jetzt entscheidend prägt. Der eine ist Schlesiens Engelszunge Angelus Silesius, jener sprachlich-kühne, zum Katholizismus übergetretene echt schlesische Grübler, durch den die religiöse Poesie einen Höhepunkt erreicht. Der andere der formgewandte Christian von Hoffmannswaldau, Kaiserlicher Rat und Mitglied der Zweiten Schlesischen Dichterschule.

Während der Gegenreformation, einer Zeit religiöser Intensität, wird die Formenwelt des Barock von Prag und Wien her wirksam. Habsburg und seine Kaiser des Römischen Reiches Deutscher Nation üben nach dem Erlöschen der letzten Fürstenlinie schlesischer Piasten eine starke Anziehungskraft aus. Eine Entwicklung, die durch die Schlesischen Kriege jäh unterbrochen wird: Im Januar 1741 reitet der protestantische König Friedrich II. von

Preußen, von Zeitgenossen »*der Einzige*« genannt, bei recht unwirtlichem Wetter zum »*Rendevouz mit dem Ruhm*« durch das Schweidnitzer Tor in Breslau ein. Im April gelingt ihm bei Mollwitz ein erster großer Sieg über Österreich, im Mai 1742 in der »*Zusammenstoßschlacht*« bei Chotusitz im Böhmischen ein zweiter. Gegen Ende des Jahres huldigen ihm im Fürstensaal des altstädtischen Rathauses die schlesischen Stände.

In Breslaus Junkernstraße. Wo »Junkern« als Begriff für erfolgreiche Geschäftsleute steht, befinden sich das weithin bekannte Kulmbacher Bierlokal von Kissling (Nr. 10), das Hotel Brauerei Thon (Nr. 26) und die Konditoriei Perini (Nr. 2).

Das verhältnismäßig kleine Preußen, nach Voltaire ein »*Königreich der Grenzstriche*«, hat territoriale Brücken geschlagen, die ihm geographisch Gestalt geben. Die aus alten politischen Bindungen herausgelösten Schlesier blicken fortan nach Berlin, siedeln auch nach dort um, »*wenn sie etwas werden wollen*«. Man trägt den Geist des Preußentums, an die Stelle des lässigbequemen Stände- sind die Formen des preußischen Militärstaats getreten. Carl

Gotthard Langhans führt Schlesien vom österreichischen Barock weg zum »*Preußischen Stil*«. Adolph von Menzel, kgl. Professor in Berlin, zeugt in seinen Gemälden von der markigen Charakteristik des Preußentums.

Für Breslau beginnt »*mit Zollern*« eine Zeit des politischen und kulturellen Umbruchs, es wird Haupt- und Residenzstadt Schlesiens, akzeptiert jetzt auf Empfehlung des Ministers von Schlabrendorf sogar die Speisekar-

Die Goldene-Becher-Seite an der Südseite des Rings. Die Bürgerhäuser im Herzen der Breslauer Altstadt werden im 15. Jhdt. mehrstöckig gebaut. Um- und Anbauten ordnen sie danach in verschiedene Stilepochen ein.

toffel, ein bis dato als giftig gehaltenes Knollengewächs, als preiswertes Grundnahrungsmittel. Der schlesische Bauer hat auf Befehl Friedrichs jährlich mindestens 1/2 Scheffel, jeder Gärtner wenigstens 4 Metzen Kartoffelknollen auszulegen (während Graf von Schlabrendorf dann die mit Butter und Gewürzen angereicherte Macaire-Kartoffel bevorzugt, muß sich das gemeine Volk, der genügsame Heim- und Handwerker, der hart schuftende Bau-

er, mit Brat- und Pellkartoffeln begnügen).

Die Neuorientierung bewahrt nicht davor, daß um den Besitz des Oderbrückenkopfs weiterhin gerungen wird, wofür der Breslauer Schriftsteller Willibald Alexis im »Cabanis« dem Alten Fritz die Worte in den Mund legen sollte: *»Sie gönnen mir nicht Schlesien und die Grafschaft Glatz und die hundert Millionen in meinem Schatz«.*

Recht hatte er. 1757 können sich die Österreicher zwecks »*Zergliederung Preußens*« Breslau vorübergehend zurückholen. 1760 tauchen sie unter General Gideon von Laudon ein weiteres Mal davor auf, was die Bürger und ihren tapferen Verteidiger Tauentzien in humorvoller Überlieferung allerdings nur 4 Schönheiten kostet (unter ihnen das Palais Hatzfeld, die Kanone »*Alte Sau*«, und die Jungfer Millerin). 1806/07 haben die Truppen des Rheinbundes dann mehr Erfolg. Nach der Besetzung werden auf Befehl Napoleons, dessen Bruder Jerome hier zeitweise residiert, Breslaus Wälle geschleift, um »*angenehmen Spaziergängen*«, der sogenannten Promenade, Platz zu machen.

Auch ohne Mauern, Grabenböschungen und Basteien ist Breslau während der Freiheitskriege »*Brennpunkt einer weltgeschichtlichen Aktion*«. 1813, nach der Verlegung des königlichen Hofes an die Oder, kommen hier Leute wie Gneisenau, Scharnhorst, Hardenberg, Stein, Blücher, Lützow, Turnvater Jahn und der Dichter Theodor Körner zusammen, Breslaus Universität wird geistiges Zentrum des Widerstands. Das Werbebüro der berüchtigten Lützower (»*Was glänzt dort vom Walde im Sonnenschein? ... Lützows wilde verwegene Jagd*«) befindet sich im Gasthaus »*Goldener Zepter*«, Schmiedebrücke 22. Im eher bescheidenen Schloß, in dem schon Fridericus Rex ein paar sorgenreiche Winter verbrachte, unterzeichnet Friedrich Wilhelm III. den von Staatsrat von Hippel verfaßten Aufruf »*An mein Volk*«. Hier

tanen gebeten – befolgen die von Napoleon gedemütigten Schlesier, indem sie zugunsten des patriotischen »*Gold gab ich für Eisen*« freiwillig 120 000 Fangeisen (schles. für Eheringe) abliefern.

Eine progressive Phase des Fortschritts macht den Platz an der Oderfurt noch im 19. Jh. zu einem bedeutenden Industriezentrum und Hauptmarkt schlesischer Produkte wie Wolle, Leinen und Baumwollwaren. Um 1885 ist Breslau mit 299 640 Einwohnern (bei kräftigem Frauenüberschuß) eine der größten Städte Deutschlands, bis 1939 – Dörfer wie Lehmgruben und Höfchen-Commende, Alt-Scheitnig oder Leerbeutel sind eingemeindet – steigt die Einwohnerzahl auf 630 000. Bis 1933 gilt es als Hauptsitz der jüdischen Wissenschaft, im Judenviertel um die Synagoge zum weißen Storch lebt Deutschlands drittgrößte jüdische Gemeinde.

Breslau ist das Auge von ganz Schlesien. Liegnitz das andere. – »Breslauer Semmel und Schweidnitzer Brot. Wer's immer hätte, der litte nicht Not. – Die Ohle ist gar stolz darauf, daß durch Breslau geht ihr Lauf. – Breslauer Bier ist der Schlesier Malvasier [ein süßer Südwein]«: Vor Ausbruch des Zweiten Weltkriegs ist »*Gruß Brassel*« eine

Ferdinand Lassalle (1825–1864). Der erste sozialistische Pragmatiker, Sohn eines Breslauer Kaufmanns, gründet 1863 den Allgemeinen Deutschen Arbeiterverein, ein Vorläufer der SPD. Im Jahr darauf wird Lassalle in Genf bei einem Duell aus Eifersucht erschossen (Bild oben: zeitgenössische Pressezeichnung) und auf Breslaus Jüdischem Friedhof bestattet.

stiftete der Souverän am Geburtstag der verstorbenen Königin Luise das Eiserne Kreuz. Die von Schinkel gestaltete Tapferkeitsauszeichnung leitet die eiserne Zeit des Freiheitskrieges gegen die napoleonische Okkupation ein. Den Aufruf »*An mein Volk*« – zum ersten Mal hatte ein absoluter Herrscher um die Opferbereitschaft seiner Untertanen gebeten

Tauentzien-Denkmal. Über dem Grab des preußischen Generals Bogislav Friedrich von Tauentzien, der Breslau im Dritten Schlesischen Krieg gegen die österreichischen Belagerer verteidigte, erhebt sich ein Denkmal nach dem Entwurf des älteren Langhans. Marmorsarg und Medaillenbild stammen von Gottfried Schadow.

rundherum preußisch-genaue, österreichisch-gemütliche Metropole. Als Wahrzeichen dient das Rathaus am mittelalterlichen Ring im Zentrum der Altstadt, ein Meisterwerk der deutschen Gotik, das die kommenden Kriegswirren überstehen sollte. Schlesiens Bauwillen dokumentieren daneben besonders der unter Habsburgs Zepter erstellte hohe Barockbau der Universität an der Oder, das friderizianische Schloß als Residenz der preußischen Könige und Max Bergs 1913 zum Jubiläum der Freiheitskriege errichtete Jahrhunderthalle, weltweit das größte Bauwerk seiner Art.

Beherrschende Sakralbauten sind der gotische Dom Johannes der Täufer, die Sandkirche mit ihrem »*Wunder-werk an Springgewölben*«, die von Heinrich IV. begründete Kreuzkirche, in deren Chor der Minnesänger begraben liegt, die Adalbertkirche am Dominikanerplatz, neben dem Dom ältestes Bauwerk Mittelschlesiens, die evangelische spätgotische Magdalenen- und die Christophorikirche. Gesellschaftlicher Mittelpunkt ist der legendäre »*Schweidnitzer Keller*« im Rathaus-Souterrain, schon 1303 genannt und damit nach Bremens Konkurrenz der älteste deutsche Ratskeller überhaupt. Die Schweidnitzer Straße gilt als die »*Renne*«, die Biergartenstraße zwischen der Liebichshöhe auf der alten Taschenbastion und Vinzenzgarten als Breslaus Tränke. Der schönste Blick auf die Stadt bietet sich von der Holteihöhe, von der Dom- und Sandinsel einzusehen sind. Und wenn es den Breslauern in ihrer Stadt zu eng wurde, dann fuhren sie flußauf in die Oderwälder oder flußab in die Oderauen, zur Weiberkränke, ins »*Paradies*« Scheitnig mit Schloß und Garten, nach Pöpel-, Ott-, Osel- und Maselwitz, zum alten Oderarm Jungfernsee, zum Schwimmbad im Stadtteil Leerbeutel, zum massigen Kaiser Wilhelmturm oder zu den Moorlöchern der Schwarzen Lache.

Rund 700 Jahre nachdem Breslau dem Ansturm der Mongolen erlegen war, sollte es 1945 ein zweitesmal untergehen. Im Januar zur Festung erklärt, wird es 11 Wochen lang belagert. Am 5. Mai »*senken sich Deutschlands Fahnen in stolzer Trauer vor dem Opfermut der Besatzung und der Bevölkerung*« (Funkspruch vom OK der 17. Armee), am Tag darauf kapituliert die Stadt – zu dreiviertel zerstört – vor der 6. Sowjetischen Armee der 1. Ukrainischen Front. Ganze Wohnviertel, die meisten Giebelhäuser am Ring, die Nikolaikirche, das Schloß Friedrichs des Großen und die friedvolle Dominsel, kirchliches Zentrum Schlesiens, liegen in Schutt und Asche, der »*Schweidnitzer Keller*« dient als Krankenhaus. Beim

Brand des Doms war die 1721 gestiftete große Glocke »*Cornelius*« geschmolzen, deren Klang künftig nur noch auf Schallplatten zu hören ist. Ein rechtes Wunder dann, daß die Kriegsfurie ausgerechnet die barocke Ceslaus-Kapelle der Adalbert-Kirche verschonte. Dort befinden sich die Reliquien des schlesischen Apostels Ceslaus, der während des Ansturms der Mongolen Breslaus terra sancta durch Gebet gerettet hatte.

Vieles, was einst den Stolz der Stadt ausmachte, ist nach der totalen Niederlage im totalen Krieg verschwunden wie die Weißgerberohle oder sollte verschwinden wie die Büste Karl von Holteis von der Holteihöhe oder der Neumarkter Neptunbrunnen, vom Volksmund wegen seines wassersprühenden Dreizacks Gabeljürge genannt. Das Reiterstandbild Friedrich Wilhelms III. gegenüber dem Rathaus ist einem Bronzedenkmal des polnischen Komödiendichters Graf Alexander Fredro im Weg. Allem voran aber fehlen Breslau jetzt die Breslauer, die getrennt von ihrer Vergangenheit – zwangsevakuiert, vertrieben, sozial deklassiert – auf der Suche nach einer Heimat fern der Heimatstadt sind.

Was blieb ist die Erinnerung an »*Gruß Brassel*« und das Umland, an jene rundweg »*tolle Lergen*«, die Breslau einmal zu seinem Ruf als Stadt der Poeten, der Wissenschaft oder einfach der vielen Talente verholfen haben. Darunter Friedrich von Gentz, Protokollführer des Wiener Kongresses (der Schlesien durch den Ostteil der Oberlausitz vergrößerte), der Philosoph der Romantik Friedrich Daniel Schleiermacher, der Maler, Dichter und Entdecker von Capris Blauer Grotte August Kopisch, Preußens Lokomotiven-König August Borsig und jener geniale Maler/Graphiker Adolf von Menzel, dessen Genie nach eigener Aussage aus »*99 Prozent Transpiration und einem Prozent Inspiration*« bestand. Aus Breslau stammen Ferdinand Lassalle, der

August Borsig (1804–1854). Sohn einer schlesischen Handwerker- und Bauernfamilie, gründet der Industriepionier in Berlin Deutschlands erste Lokomotivfabrik.

Adolph von Menzel (1815–1905). Hochgeehrt zeugt Deutschlands (aufgrund zwergenhaften Wuchses) »Kleine Exzellenz« in seinen Gemälden von der markigen Charakteristik des Preußentums.

Blick auf Breslaus Stadtzentrum nach der Kriegszerstörung (Aufnahme von 1954). Im Februar 1945 zur Festung erklärt, im Mai nach erbittertem Widerstand aufgegeben, hat die Kriegsfurie rund dreiviertel der Stadt zerstört.

Seite 77: Breslaus Rathaus von Südwesten. Im Vordergrund die 1847 von Bildhauer August Karl Kiss aus dem oberschlesischen Paprotzan geschaffene Reiterstatue Friedrich Wilhelms III.

erste sozialistische Praktiker, »*Suppenlina*« Morgenstern, die 1866 die ersten Berliner Volksküchen gründete, der Historienmaler Karl Ludwig Rosenfelder, der Begründer der wissenschaftlichen Bakteriologie Ferdinand Cohn, die Nobelpreisträger Fritz Haber und Max Born und die deutsche Puppenmutter Käthe Kruse. Hier stand das Geburtshaus des Kampffliegers Manfred Freiherr von Richthofen, der in Auschwitz ermordeten katholischen Religionsphilosophin Edith Stein, des evangelischen Theologen Dietrich Bonhoeffer, des Widerstandskämpfers Erich von Witzleben und von Generalmajor Eduard Vogel von Falckenstein. Letzterer hatte sich im Deutschen Krieg mit dem Falckensteinschen Speisezettel um die Verpflegung des gemeinen preußischen Soldaten verdient gemacht.

Mit dem Namen Breslau verbunden bleibt August Heinrich Hoffmann (von Fallersleben), ordentlicher Professor der deutschen Sprache und Literatur, dem die Nachwelt so Unterschiedliches wie das Deutschlandlied und »*Alle Vöglein sind schon da*« verdankt – allerdings auch jene nationalliberalen »*Unpolitischen Lieder*« von

1842, auf die Breslaus Universität mit der Amtsenthebung, Politiker mit der Landesverweisung reagierten. Gotthold Ephraim Lessing erfüllte sich den Wunsch, »*mehr unter Menschen als unter Autoren*« zu leben, indem er 5 Jahre lang als Gouvernementssekretär des Grafen von Tauentzien im Schreyvogelschen Haus in der Albrechtstraße arbeitete.

Franz von Liszt trat hier als Dirigent und Pianist auf, Karl Maria von Weber saß in Breslau über der Vertonung der Oper »*Rübezahl*«. In der Heiliger-Geist-Straße ist Preußens Kriegsphilosoph Karl von Clausewitz an Cholera gestorben ... in Breslau, der alten Mittlerin zwischen dem deutschen Westen und dem slawischen Osten, das nach 1945 aufgrund des starken Zuzugs aus dem Lemberger Raum scherzhaft als »*die westlichste Stadt Galiziens*« gilt.

Gott ist die ewige Einheit

Wem Zeit wie Ewigkeit,
Und Ewigkeit wie die Zeit,
Der ist befreit
Von allem Streit

Jakob Böhme

Rund um den St. Annaberg: Geschichte ohne Grenzen

Aus den Kreisen Kreuzburg, Rosenberg, Oppeln, Hindenburg, Groß-Strehlitz, Lublinitz, Tost-Gleiwitz, Tarnowitz, Beuthen (Stadt und Land), Kattowitz, Pless, Rybnik, Ratibor, Cosel, Leobschütz, Neustadt, Falkenberg, Neisse, Grottkau.

Wo die noch junge Oder die alte oberschlesische Grenze überquert, trifft sie in dörferreichem Tal zuerst auf Ratibor. Der einst südöstlichsten Stadt des Deutschen Reiches war lange weder Österreichs Charme noch Preußens Strenge abzusprechen, allerdings auch nie der gewisse polnische und mährische Einschlag. Verantwort-

lich dafür war ein bequemer Oderübergang, der die Gegend um Ratibor schon früh zu einem Knotenpunkt an der alten Bernsteinstraße zur Mährischen Pforte machte. Als eine neue Achse Prag-Krakau hier den Fluß queren sollte, wurde die Oderfurt – 1108 erstmals erwähnt – mit einer slawischen Wallburg bewehrt, in deren Schutz Siedlergeschlechter aus Thüringen, Hessen, Franken und dem niederdeutschen Raum ab 1217 eine deutsche Stadt stellten.

Ostwanderer überquerten den Fluß und zogen auf die guten Böden des südlichen Rybniker und Plesser Kreises oder an den südlichen Waldrand der Preseka. Über Breslau drangen Siedler in die schwach besiedelten späteren Kreise Kreuzburg und Rosenberg vor. Oberschlesien wurde – wenn auch nicht so früh und nie so durchgreifend wie das übrige Schlesien – mehr und mehr eingedeutscht, seine Fürsten aus dem Piastengeschlecht huldigten ab

Seite 78: Bäuerinnen aus Roßbach in Festtracht. Die Haube mit dem breiten Spitzenbesatz wird im Trachtenland Oberschlesien nur in Roßbach getragen.

Schleppzug auf der Oder bei Eisgang. Frachtkähne tragen die Erzeugnisse des oberschlesischen Industriegebiets den Fluß hinunter und bringen auf dem Rückweg Erze für Schlesiens Industrie mit.

80

Das Oppelner Rathaus am Marktplatz. Säulenschmuck und Zinnenkranz im Fischschwanzmuster an Oppelns 62 Meter hohem Rathausturm sind der Architektur des Palazzo Vecchio in Florenz nachempfunden.

Seite 81: Oppeln aus der Vogelschau. Oberschlesiens geschichtliche Metropole ist eine Stadt der Brücken, die hier die Oder und ihr Flußsystem überspannen.

Bild unten: Stadtansicht mit der katholischen Pfarrkirche zum Heiligen Kreuz, dem Rathaus und dem Turm der evangelischen Stadtkirche.

1327 dem ritterlichen Haudegen Johann von Böhmen. In kommenden Jahrhunderten sollte Ratibor (die Stadt – *rad* für fröhlich, *boru* für Kampf – der fröhlichen Kämpfer) dann im Schatten der mächtigen Zentren des Oderlandes bleiben, das Unheil des Mittelalters, Kriege, Feuer, Pest oder die Überschwemmungen des noch unregulierten Stroms überwand man mit Hilfe eines kraftvollen, gesunden Bürgersinns.

Schon 1232 wird Neisse, die Stadt des großen Kolonisators Bischof Thomas I., erwähnt, nach dem Einfall der Mongolen entsteht Oppeln am Kreuz-

Oppeln: Teilansicht mit Blick zum Rathausturm.

Ausgabe der Oppelner Zeitung … mit einem Hinweis in Spalte drei, daß Redakteure auch im Jahre 1892 Probleme mit dem Fiskus hatten.

Wochenblatt für Stadt u. Land.
(Oppelner Zeitung.)

Erscheinungstage:
Sonntag, Mittwoch und Freitag.

Pränumerationspreis:
mit dem „Illustrirten Unterhaltungsblatt" vierteljährlich 1,25 Mark frei in's Haus, durch die Post bezogen 1,50 Mark.

Insertionsgebühr:
für die viermalgespaltene Corpus-Zeile oder deren Raum 10 Pf.

Einzelne Nummern werden für 5 Pf. abgegeben.

Nr. 66.   Oppeln, Mittwoch den 1. Juni 1892.   **29. Jahrgang.**

Herr Bürgermeister Arthur Pagels
ist am gestrigen Tage feierlich in sein Amt eingeführt worden und hat die Geschäfte des Stadt-Oberhauptes übernommen. Der 31. Mai 1892 ist daher für Oppeln und seine Einwohnerschaft ein bedeutungsvoller und wichtiger, nach menschlichem Ermessen wird er aber auch für Oberschlesiens Hauptstadt ein Tag des Glückes und Segens werden. Der Mann, welcher nunmehr an der Spitze unsres Gemeindewesens steht, hat — wie die Gesammtbevölkerung Culm's, der Stätte seiner bisherigen Wirksamkeit bekundet, daselbst mit seltener Begabung und voller Hingabe, mit unermüdlichem Eifer und Geschick, den schwierigen Aufgaben obgelegen, welche ihm sein verantwortungsvolles Amt stellte. — Die Verdienste, welche sich Herr Pagels um Culm erworben hat, liegen dort klar vor Augen. Seine Amtsperiode war gleichbedeutend mit zielbewußter Arbeit, nie rastendem Streben, und es ist seiner Intelligenz und

Bezüglich des Czarenbesuches in Berlin
beginnt wieder das alte Spiel: Er kommt, er kommt nicht. Ein Berichterstatter meldet: Der Czar wird auf seiner Rückreise von Kopenhagen nach Petersburg nicht nach Berlin kommen, wie überhaupt ein Besuch bei dem deutschen Kaiser hofe gelegentlich der goldenen Hochzeit des dänischen Königspaares gar nicht in Aussicht genommen gewesen ist. Alle Nachrichten über die bereits getroffenen Vorbereitungen in der russischen Botschaft werden dadurch hinfällig, daß in den für die Czarenfamilie vorbehaltenen Räume sich bisher auch noch nicht eine einzige Hand zu einer Veränderung gerührt hat.

Der Kriegsminister
veröffentlicht im „Reichsanzeiger" auf Grund der angestellten Ermittelungen, daß die von Löwe gelieferten 425 000 Gewehre allen Anforderungen an Kriegsbrauchbarkeit entsprächen. Sämmtliche in der Ahlwardt'schen Brochure aufgeführten Syrenaunen von Gewehren beträfen nicht Löwe'sche Gewehre.

strebungen der Socialdemokratie seien zu verurtheilen; nicht der Liberalismus, sondern nur das Christenthum sei im Stande, die socialen Schäden zu heilen. Die Zulassung aller Orden müsse gestattet und dem heiligen Stuhl sein Recht auf territorialen Besitz zurückgegeben werden. Die Maßregeln zur Herbeiführung der Sonntagsruhe seien mit Freuden zu begrüßen.

Der Centrumsführer Dr. Peter Reichensperger
vollendete am Sonntag sein 82. Lebensjahr.

Die Redacteure Insungel und Lanemann
sind am Montag auf dem Redactionsbureau verhaftet und zur Verbüßung der in dem Steuerprocesse gegen sie verhängten Strafe abgeführt worden.

Das Schwurgericht in Bielefeld
verurtheilte die Arbeiter Wilhelm Hurrelbrink und Bernagen wegen Doppel-Raubmordes der Eheleute Arbeiter Rosenbaum

punkt des Oderwasserweges und der Hohen Straße. Noch im 13. Jh. ziehen Zisterzienser in die Klöster Rauden am Rudafluß und Himmelwitz bei Groß-

Strehlitz. Die Hussitenkriege treffen das Land besonders schwer, mit dem Ende der verbrieften Bekenntnisfreiheit, der von Habsburg mit Härte vor-

Kreuzburg: Ring und Bismarckdenkmal. Im Abstimmungsjahr 1921 votiert die Kreisstadt im östlichen Zipfel der Preseka, einst als wehrhafte Grenzfestung gegründet, mit 96,3 Prozent für Deutschland. Bekanntester Sohn Kreuzburgs ist Gustav Freytag, dessen Vater hier als Arzt und Bürgermeister wirkte.

angetriebenen Gegenreformation, laufen die evangelischen Bergknappen davon, kommt der Bergbau zum Erliegen. Auschwitz und Zantor werden an Polen verkauft, Bevölkerungsverluste gleichen slawische Einwanderer aus.

Im 18. Jh. ist es Friedrich der Große, der neues Leben in Oberschlesiens verhältnismäßig kleine Verhältnisse pumpt ... der Preußenkönig, der noch 1742 gegenüber dem Minister Podewils sein Desinteresse an der Landschaft damit begründet hatte, dass sie einfach ruiniert, militärisch nicht zu behaupten sei. Dazu von Leuten bewohnt würde, auf die man sich nicht verlassen könnte. Ein Grund, warum er dem Haus Habsburg in Oberschlesien den größeren Teil des Troppauer und Jägerndorfer Gebietes ließ, was ihm Maria Theresia tränenreich mit dem berühmten Ausspruch quittierte: *»Den Garten habt Ihr mir genommen, nur den Zaun habt Ihr mir gelassen«.*

Der preußische Militärstaat und friderizianische Hüttenkolonien waren jetzt Voraussetzungen für die Umwandlung Oberschlesiens vom Hinterland in eine der wichtigsten Bergbau- und Industrielandschaften Europas. Der wirtschaftliche Erfolg ist das Verdienst eingesessener Oberschlesier, nachziehender deutscher Beamten, von Kaufleuten und Kumpels, darunter polnische wie tschechische Neusiedler, die am Arbeitsplatz schnell eingedeutscht wurden. Spätere Generationen sollten den wirtschaftlichen Weitblick des preußischen Krückstocks trotzdem zum *»Schicksal Oberschlesiens«* machen. Bewunderer sorgten dafür, daß dem König in dankbarer Anerkennung in der Bergstadt Beuthen ein künstlerisch wertvolles Reiterstandbild errichtet wurde ... andere erinnerten daran, daß es die ausgebeuteten Bodenschätze, die neuzeitlich ausgebauten Industrien und die hier ihr Brot verdienenden Neusiedler waren, die das Land in der Südostecke Deutschlands in den Sog der großen Politik stellten.

Nach dem Ersten Weltkrieg sprechen die Siegermächte – von der nationalpolnischen Bewegung mit einem freudigen Do Odra/An die Oder begrüßt – ganz Oberschlesien (Górna Slaska) Polen zu. Reaktionen der Bevölkerung erzwingen eine Volksabstimmung, vom Wahlergebnis enttäuschte polnische Insurgenten proben den Aufstand. Ihm stellt das am

Gustav Freytag (1816–1895). Dem Sohn Kreuzburgs – Dozent, Mitherausgeber der Zeitschrift »Die Grenzboten« und Abgeordneter im Norddeutschen Reichstag – kommt die Bedeutung als Schriftsteller des Realismus zu. Romane wie der Zyklus »Die Ahnen« finden einen weiten Leserkreis.

Sankt Annaberg im Kreis Groß Strehlitz. Zentrum des Annakults, das mit 410 m aus der Ebene zwischen Oder und Malapane sticht, wird Oberschlesiens religiöses Wahrzeichen im Abstimmungsjahr 1921 zum politischen Symbol.

Boden liegende Reich Formationen wie die Freikorps Oberland, Roßbach und Orgesch, die Breslauer Studentenformation oder die Schwarze Schar entgegen, wodurch der Krieg an Europas blutender Grenze rund zweieinhalb Jahre länger dauert als im übrigen Deutschland.

Im Mai 1921 weht vom 410 m hohen Sankt Annaberg, politisch-historisches und religiöses Wahrzeichen des Landstrichs, Zentrum des Annakults, das Kampflied ins aufgewühlte Land: »*Wir lassen nicht vom Boden, sind sein Sohn./ Wir lassen unsere Sprache nicht sterben. Wir sind der Polen Volk, Nation,/ der königlichen Piasten Erben.*« Die Erstürmung Sankt Annas durch den deutschen Selbstschutz sollte Oberschlesiens Herz und Mitte zum Symbol deutscher Selbstbehauptung machen. 1934 wird in Erinnerung an Volksabstimmung, Selbstschutz und die Gefallenen des Krieges auf dem Annaberg ein Reichsehrenmal enthüllt.

Trost
Von Joseph von Eichendorff

Es haben viel Dichter gesungen
Im schönen deutschen Land,
Nun sind ihre Lieder verklungen,
Die Sänger ruhen im Sand.

Aber so lange noch kreisen
Die Stern um die Erde rund,
Tun Herzen in neuen Weisen
Die alte Schönheit kund.

Im Wald, da liegt verfallen
Der alten Helden Haus,
Doch aus den Toren und Hallen
Bricht jährlich der Frühling aus.

Und wo immer müde Fechter
Sinken im mutigen Strauß,
Es kommen frische Geschlechter
Und fechten es ehrlich aus.

Bei der Abstimmung hatten unter den Augen einer interalliierten Plebiszitkommission knapp 60 % der Bevölkerung – darunter rund 180 000 aus dem Reich angereiste Oberschlesier durch Geburt – für den Verbleib bei Deutschland votiert. In Ratibor an der Oderfurt war die Wahl 22 291 : 2227 für Deutschland ausgegangen). Trotzdem werden laut Genfer Schiedsspruch Teile Oberschlesiens nach 700jähriger Verbundenheit mit Restschlesien an Polen, das Hultschiner Ländchen an die Tschechoslowakei abgetreten. Durch das Zerschneiden des Industrie- und Bergbaudreiecks Gleiwitz-Tarnowitz-Myslowitz, neben dem Ruhrgebiet Deutschlands größte Industrielandschaft, verliert das Reich rund zwei Drittel seiner wertvollsten Steinkohlen-, Zink- und Bleierzgruben, Hochöfen, Stahl- und Walzwerke. Zur Wojewodschaft Schlesien werden die ehemals österreichisch-schlesischen Bezirke Teschen (Cieszyn) und Bielitz (Bielice Kozuchowskie) addiert, Hauptstadt ist Kattowitz (Kattowice) im Zentrum des Industriegebiets.

Oberschlesien hatte mit Ostoberschlesien seine Schatzkammer verloren, was einer wie der Sudetenschlesier Wilhelm Müller-Rüdersdorf in seinem »Leid« besingt: »*Oberschlesien: unsre Liebe!/ Oberschlesien: unser Leid! / Herz der Heimat, das zerissen/ Von den Zähnen grimmer Zeit!... Ohne Pless und Königshütte/ Tarnowitz und Kattowitz!/ Und daß Beuthen man zerfetzte/ Nichts traf härter dich wohl je -/ Oberschlesien: unsre Liebe!/ Oberschlesien: unser Weh!*«

1939 bringt noch einmal die Wiedervereinigung des zerissenen Landstrichs, dem Auschwitz (Oswiecim), Hauptstadt des früheren schlesischen Herzogtums Auschwitz und Zabor, zugeschlagen wird. Der Ausgang des Zweiten Weltkriegs sollte das Land und seine deutsche Bevölkerung dann umso verheerender treffen. Städte wie Neisse, Oppeln oder Ratibor sind einen qualvollen Tod gestorben, Hunderttausende von Oberschlesiern neh-

men nicht viel mehr als die Worte ihres sozialen Lyrikers Max Herrmann-Neisse im Fluchtgepäck mit: »*Was man liebt, kann nie vergehen:/ heimatlich vertraute Töne/ überall uns treu umwehen;/ denn die Heimat bleibt bestehen/ in dem Lied verstoßner Söhne*«.

Auf dem Annaberg (Gorá Swietej Anny) grüßt neben Wallfahrtskirche und Kalvarienkapellen jetzt ein weniger frommes »*Denkmal der aufständischen Tat*«, das an den »*jahrhundertealten Kampf der Polen gegen die Germanisierung*« erinnert. Wallfahrten betreuen weiterhin die Franziskaner. Gleiwitz (Gliwice), die Stadt der Hütten-, Walz-

Die katholische Pfarrkirche von Falkenberg. Das Landstädtchen am linken Ufer der Steinau wurde 1280 als Valkenberch deutschrechtlich gegründet. Zeitweise stark polnisch geprägt, hat es die Zuwanderung des 16. und 17. Jhdts. erneut eingedeutscht.

Kattowitz: Blick in die Grundmannstraße. Im späten 16. Jhdt. von Meister Andreas in Nachbarschaft eines Hammerwerks gegründet, wird der Ort erst 1865 zur Stadt erklärt. Unter den Visionären, denen Kattowitz den Aufstieg zur Industriemetropole verdankt, war Friedrich Wilhelm Grundmann, ein Pionier des Bergbaus.

Das Kattowitzer Konservatorium (die frühere Baugewerksschule). Die junge Stadt im südöstlichen Winkel des Deutschen Reiches, nach 1918 Mittelpunkt der nationalpolnischen Bewegung, wird 1922 Hauptstadt des von Deutschland abgetrennten Oberschlesiens.

werke und des patriotischen Eisenschmucks, immer auch des deutschen Reichssenders, dessen vorgetäuschter Überfall – *»Seit 5 Uhr 45 wird zurückgeschossen«* – den Zweiten Weltbrand einleitete, hatte der Krieg nicht beschädigt. Gleiwitz an der Klodnitz wurde erst nach dem Einmarsch der Russen geplündert und teilweise zerstört ...

Nachdem der Hamburger Lukas Holstenius, Consultator Rotae des päpstlichen Stuhls und Kustos der Vatikanbibliothek, im Jahre 1630 den oberschlesischen Raum besucht hatte,

urteilte er noch aufgeschreckt:

»Ich glaubte mich außerhalb aller menschlichen Kultur zu befinden. Denn alles erschien mir hier neu und ungewöhnlich, aber nach sarmatischer Weise schmutzig, unflätig, barbarisch. Die Zimmer voll Rauch und Gestank, die Wohnstätten für Mensch und Vieh gemeinsam, die Speisen unappetitlich, das Bier ganz schlecht; die Art des Umgangs rauh und ungebildet, die Sprache zischend ... die Wälder zusammenhängend dicht, prächtig geeignet für Banden und Diebesgesindel.«

Noch 160 Jahre später scheint sich daran nicht allzuviel geändert zu haben. Jetzt ist es der Geheimrat Goethe, der zum Studium der Bergwerksindustrie und einer Wasserhebemaschine Oberschlesien aufsucht. In Tarnowitz hielt er sich in Sedlaczeks Weinstuben und bei der Knappschaft der Friedrichsgrube auf, um letzterer dann das berühmte Epigramm zu widmen: *»Fern von gebildeten Menschen, am Ende des Reiches, wer hilft euch/ Schätze zu finden und sie glücklich zu bringen ans Licht?/ Nur Verstand und Redlichkeit helfen, es führen die beiden/ Schlüssel zu jeglichem Schatz, welchen die Erde verwahrt«.*

Der Ehrenrettung derart mißachteter Oberschlesier dient, daß sie in Europas Mitte die längste Zeit hindurch geringe Chancen hatten, gutmeinende Kritiker auf sich aufmerksam zu machen. Tatsächlich war es eher so, als würden die großen geschichtlichen Entwicklungen hier einfach vorüberziehen. In Silesia superior, an Oder, Oppa, Olsa, Ruda, Hotzenplotz, Klodnitz oder Glatzer Neiße wurden keine weltbewegenden Schlachten geschlagen, hier haben keine bedeutenden Kongresse oder Friedenskonferenzen stattgefunden, an die geflügelte Worte großer Persönlichkeiten erinnern. Das Land dafür geschichts- oder gar gesichtslos zu nennen, ginge trotzdem ganz erheblich an der Wirklichkeit vorbei.

In Oberschlesien waren es die östlichen wie westlichen Kulturen, die sich zu beiden Seiten der Oder befruchtend küßten. Hier predigte der hl. Adalbert, der auf dem Weg zu den heidnischen Pruzzen der Sage nach eine noch heute rinnende Quelle aus dem Boden klopfte. Von hier stammt jener Freiherr von Eichendorff, der scheidenden Romantik letzter Dichter, der den Einheimischen als liebstes Märchen ihrer Vergangenheit gilt.

Oberschlesien war das Land der grünen Saaten und reifenden Kornfelder, der Schlotenwälder, Schnee-Ebe-

nen und Forsten, der Industrieschöpfer von Giesche und von Winkler. Das Land der trutzigen Wehrkirchen und vielen Heiligtümer, zu denen Generationen wallfahrten ... darunter prominent der von Gnadenkirche und Franziskanerkloster gekrönte Annaberg auf der Oberschlesischen Platte. Und hätten Oberschlesiens Steine reden können, wäre auch hier ein durchaus bunter Strauß aus Geschichte und Geschichten zusammengekommen.

Oppelns Mauern hätten vom noch jungen Alten Fritz erzählt, den eine Schiffersfrau vor der drohenden Gefangennahme durch österreichische

Patschkau: Blick auf Johanniskirche und Wehrturm in der Stadtmauer. Kulturzeugnisse wie die burgartige katholische Pfarrkirche St. Johannis und die gut erhaltene mittelalterliche Stadtbefestigung stellen die Stadt am Mittellauf der Glatzer Neiße in den Ruf des »schlesischen Rothenburgs«.

Falkenberg: Die Durchgangsstraße von Neisse nach Oppeln mit der Propsteikirche aus dem 15. Jhdt. im Hintergrund.

Wie es der Simplizissimus im Jahre 1921 sieht: Der am Boden liegende deutsche Michel ohne Chance gegen den Diktatfrieden von Versailles, der Teile Oberschlesiens Polen und der Tschechoslowakei zuspricht.

Polnische u. interalliierte Grenzziehungsvorschläge für Oberschlesien.

Neue Grenzen für ein altes Land: Nach dem Ersten Weltkrieg wird Oberschlesien nach 700jähriger Verbundenheit mit Restschlesien geteilt. Durch das Zerschneiden des Industrie- und Bergbaudreiecks Gleiwitz-Tarnowitz-Myslowitz, neben dem Ruhrgebiet Deutschlands größte Industrielandschaft, verliert das Reich rund zwei Drittel seiner wertvollsten Steinkohlen-, Zink- und Bleierzgruben.

Husaren rettete, die frühgotische Schloßkirche von Ratibor vom Kampf zwischen Hzg. Heinrich IV. von Breslau und Bischof Thomas II., der an dieser Stelle sein gütliches Ende fand. Der historische Kern von Gleiwitz würde von der wundersamen Rettung der Stadt im Dreißigjährigen Krieg berichten, in dem die evangelischen Mansfelder nur bis zur Dessauer Brücke kamen, was die einen dem Eingreifen der Mutter Gottes auf Seiten der kaisertreuen Gleiwitzer, andere der Verteidi-

gung der Mauern mit heißem Hirsebrei zuschreiben. Grottkau, die »schiene Stoadt Gruttke«, hätte das Geheimnis um seine Sauglocke gelüftet, die – im Krieg vergraben und verloren – eines Tages von Säuen wieder aufgefunden wurde, Cosel von den Verteidigungsanstrengungen des altpreußischtüchtigen Obersten David von Neumann gegen Napoleon erzählt.

In Neisse wäre die Sprache auf den Schüler am Jesuitengymnasium und späteren General Friedrich Wilhelm

Grottkau: der viereckige Ring mit dem Rathaus und der katholischen Pfarrkirche St. Michael. 1268 deutschrechtlich gegründet, zählt die »schiene Stoadt Gruttke« von 1344 bis zur Säkularisierung zum Bistumsland. Wahrzeichen Grottkaus ist der Löwener Torturm in der Stadtbefestigung (Bild unten).

von Steuben gekommen, danach auf den Lebensabend Eichendorffs, der auf dem Jerusalemer Friedhof an der Straße nach Ottmachau begraben liegt. In Pless im Niederungsland des Plessebachs hatte sich im Ersten Weltkrieg das kaiserliche Große Hauptquartier einquartiert, um in Kontakt mit der in Teschen eingerichteten Obersten Heeresleitung Österreich-Ungarns zu blciben.

Dabei war längst nicht alles aus Stein, was zwischen Kreuzberg und Ratibor die Zeiten überlebte. Frühe Gotteshäuser etwa wurden wie die Kastellanburgen aus mit dem Schrotbeil bearbeiteten groben, vollkantigen Balken errichtet. Malerisch reizvolle Schrotholzkirchen wie sie in Groß-Patschin/Kreis Gleiwitz, in Rosenberg oder Michelsdorf/Kreis Namslau stehen, sind geradezu charakteristisch für

die oberschlesische Landschaft. Bevorzugt von mächtigen Buchen, Ulmen oder Linden beschattet, mit hohem Schindeldach und nur wenig überragendem Pyramidenturm, legen sie noch altersgeschwärzt ein beredtes Zeugnis bodenständiger Zimmermannskunst ab.

Oberschlesien – »*wo der Kumpel schaut dem Tod ins Angesicht, wo die Mädchen lieblich und die Frauen schlicht*« – ist das Land des schwarzen Diamanten Kohle, des Grubenarbeiters, des Stahlgeläuts, der Schlote und jenes Widerscheins der Hochöfen, der zwischen Beuthen und Gleiwitz den Nachthimmel erhellt. Es ist das Land Eichendorffs, des Junkers vom Rande der oberschlesischen Wälder, der selbst dort, wo sich hinter öden Schlackenhalden stille Natur und laute Industrie zusammendrängten, noch die klassischen Worte finden konnte:

Neisse: Blick vom Neisser Ring auf die spätgotische Pfarrkirche St. Jakobus und den (nie vollendeten) Glockenturm. »Schlesiens Rom«, seit dem 12. Jhdt. im Besitz der Bischöfe von Breslau, wird im 14. Jhdt. Hauptort des Neisser Bistumslandes.

Kämmereigebäude und Rathausturm in Neisse. Würdige Repräsentantin von Kunstsinn und Bürgerstolz steht die 1604 errichtete Stadtwaage – das spätere Kämmereigebäude – im Zentrum des Rings. Neisses Rathausturm mit seiner nadelspitzen Haube ist eine Schöpfung der Spätrenaissance.

Neisse: Der Schöne Brunnen an der Breslauer Straße. Vom bischöflichen Hofschlosser Wilhelm Helleweg 1686 gefertigt, blieb Neisses sogenannter Schöner Brunnen – ein schmiedeeiserner »Bienenkorb« auf steinernem Trog – auch »mit Zollern« von Österreichs Doppeladler gekrönt.

Die Fränkelsche Leinenwarenfabrik in Neustadt. Seit friderizianischen Tagen steht die Stadt an der Prudnik im Zeichen der Tuch- und Webwarenfabrikation. Unter den bedeutendsten Unternehmen ist die Fränkelsche Textilfabrik, der Neustadt eine Reihe vorbildlicher Wohlfahrtseinrichtungen verdankt.

»O Täler weit o Höhen,/ o schöner grüner Wald,/ du meiner Lust und Wehen/ andächt'ger Aufenthalt!/ Da draußen, stets betrogen,/ saust die geschäftige Welt,/ schlag noch einmal den Bogen/ um mich du grünes Zelt!«

Es ist die Heimat Gustav Freytags, der in seinen Ahnenbüchern die Schlesier zurück zu den Germanen führt, im Roman die Tugenden seiner Landsleute – Arbeitsamkeit, Pflichtbewußtsein und Nationalgefühl – nachzeichnet. Als Phantasien hier noch schöpferisch tätig waren, erblühte in Oberschlesiens Städten, in waldumhegten Dörfern und dunklen Schächten des Bergbaus dazu eine Fülle von Märchen, Sagen und Legenden. Gerade der Arbeiter, im Ruhrgebiet des Ostens die eigentliche Energie, stieg schreibend aus den Gruben, wohl wissend, daß ihm der Einzug in Schlesiens vollbesetzten Dichterhimmel verwehrt bleiben mußte. Vieles davon verschwand im harten

Alltag des Grubenlandes, allein die erhaltenen Reste lassen auf einen ungewöhnlichen seelischen Reichtum schließen, wie ihn die landschaftlichen Symbole – der Annaberg als Ausdruck des katholischen Gefühls und das Industriedreieck als Sinnbild der Arbeit – einmal formten.

Preußisch-Oberschlesien ist vor dem Ersten Weltkrieg Teil Schlesiens, vom Mutterland so gut kolonisiert, daß es ihm trotz einer gewissen konfessionellen, sprachlichen und nationalen Sonderstellung in vielem gleicht. Der typische Oberschlesier – der Industriearbeiter, der die düstere, naturferne Grubenarbeit haßliebt, der Bauer, der gerne seinen »Rachenputzer pfeift«, dessen Bäuerin gleich für zwei arbeiten kann – ist katholisch, verehrt im hl. Hyazint (geb. vor 1200 auf Schloß Groß-Stein im Herzogtum Oppeln) seinen »Lokalheiligen«, gilt als rauh aber gesellig und gastfreundlich und verfügt über eine gehörige Portion Mutterwitz. Im Gegensatz zum Landsmann im übrigen Schlesien ist ihm der Grenzlandmensch, der Angehörige eines Mischvolks aus Slawen und Germanen anzusehen.

Grenzlandmensch und -schicksal, deutsch-polnisches, deutsch-mährisches Nebeneinander. Die längste Zeit hatten hier weder Deutsche noch Polen oder Tschechen gelebt, sondern Oberschlesier. Als solche kam man ohne strenge nationale Gegensätze aus. Erst das 19. Jh. schafft, was der Nachkriegspropaganda nutzt. Mutter Polens Rotkäppchen und der böse deutsche Wolf: Die Säkularisierung mit der Enteig-

nung des Kirchenbesitzes hatte die Bevölkerung im Geistlichen wie im Materiellen getroffen, dem unglücklichen Mischehenstreit und Bismarcks Kulturkampf war eine gezielte Eindeutschungspolitik des Kaiserreichs gefolgt. Mitentscheidend für das politische Schicksal Oberschlesiens war der sprachliche Alltag, wie in Orten wie Schedlau, Mikultschütz, Schwientochlowitz, Schönwald oder Georgenberg gesprochen wurde.

Was den deutschen Oberschlesier betraf wurde von ihm behauptet, daß er eher ein fehlerhaftes Deutsch als eine eigentliche Mundart sprach: »*Wie der Kater auf die Mäuser/ ieber*

Leobschütz: Blick auf das Rathaus und den dreieckigen Ring. 1187 gegründet, zählte die Stadt an der Zinna einst zu Mähren, war dann mehrfach eigenes Fürstentum bevor sie der Reihe nach unter böhmische, habsburgische und brandenburgische Oberhoheit kam. 1742 übernimmt Preußen Leobschütz aus der Hand der Liechtensteiner.

Schönwalder Mädchen: Im Trachtenland Oberschlesien, auf der Sprachinsel Schönwald, um Beuthen und am Rande des Industriegebiets, halten sich Trachten und Brauchtum länger als im übrigen Schlesien.

Kranzeldame und Männertracht aus Roßberg (ab 1927 Stadtteil Beuthens). Die Kranzeldame trägt eine Krone aus echter Myrte über der Haube. Roßbergs Männertracht – eine blaue Schoßjacke mit blanken Knöpfen – erinnert in Schnitt und Farbe an eine friderizianische Uniform.

Prozessionstracht aus Richtersdorf bei Gleiwitz. Die von der Bauersfrau getragene eigenartige Rüschenhaube mit ihrer Schulterkrause geht auf Vorbilder im Mittelalter zurück.

Roßberger Bauer. In dem von slawischen Volksteilen durchsetzten Beuthener Gebiet ist es die Farbe des Halstuchs, die auf den Stand des Besitzers verweist.

Bauernkinder aus Roßberg als Kränzeldamen. Oberschlesiens Trachten, mit Parallelen im süddeutschen Raum, zeugen an Schürzen, Hauben und Bändern von gediegener Handarbeit.

Buttermarkt in Oberschlesien. Arbeit, Sparsamkeit, Genügsamkeit ... Großgrundbesitz ist durchaus anzutreffen, doch Schlesiens Landwirtschaft besteht zum Großteil aus mittleren und bäuerlichen Betrieben.

Kirchgang in Zawada. Der typische Oberschlesier ist katholisch, verehrt den »Lokalheiligen« Hyazint, gilt als rauh aber gesellig und gastfreundlich und verfügt über eine gehörige Portion Mutterwitz.

Seite 98: Klodnitzkanal und Hafenbecken in Cosel. Der Klodnitzkanal, die Verbindung des oberschlesischen Berg- und Hüttenreviers mit der Oder, zieht sich seit 1939 parallel zur kanalisierten Klodnitz (beendet 1812). Cosel an der Mündung der Wasserstraße in die Oder unterhält einen der größten Binnenhäfen Deutschlands.

Dächer, ieber Heuser/ so schleicht sich der Antek hin/ zu dem Haus von Schwegerin« (Ieberschrift: Derr Bruderliebe). – *»Wen dir bese Menschen kränken,/ muß du sich nichs Schlihmes denken,/ sonnern bei Geleggenheit/ sei zur edles Tatt bereit«* (Ieberschrift: Die Backfeife). Der Oberschlesier verwechselte gerne das h mit dem ch, was einen Wilhelm zum Wilchelm, oder kürzte den langen Vokal, was den Bruder zum Brudder machte. Er konnte durchaus *»mir will sich essen«* oder *»er hat sich beleidigt«* (statt beleidigt gefühlt)« sagen, ohne an Versprecher zu denken.

Joseph Freiherr von Eichen-dorff (1788–1857), der schei-denden Romantik letzter Dichter, geboren auf Schloß Lubowitz bei Ratibor.

Ratibor: Ring mit Marien-säule (1727), Rathaus und Dominikanerkirche (1258). Mit der Besitzergreifung durch Friedrich dem Großen erblühte das Handelszen-trum am Oderübergang zu neuem Leben.

Auf dem Lande wurde gerne ein vom hochpolnischen Idiom entfern-tes, mit deutschen Lehnwörtern ge-spicktes »*Wasserpolnisch*«, im Hult-schiner Ländchen ein altertümliches Mährisch gesprochen, stellenweise war »*dos Neieste*« auch auf Jiddisch zu hören. Deutsch wurde dort, wo sich die Kulturen trafen, von beiden Seiten verstanden. Zumindest ein charak-teristisch deutsch eingefärbtes Pol-nisch, das sich – Bleistiftowy, biglovat, Szlafrok, heizovat – dann wie »*Sims bandzie ölfarbom strichowany*« anhör-te, wenn ... nun, wenn ein Sims mit Öl-farbe gestrichen werden sollte. Und nur die wenigsten ahnten, daß dahin-ter ein ernstes Problem harrte.

Obwohl der Landstrich lange ab-seits populärer Routen des Fremden-verkehrs lag, dem Oberschlesier ganz gleich welcher Zunge, schlug das Herz voller Stolz, wenn er seine Heimat durchwanderte. Städte wie Gleiwitz,

Holzkirche im Dorf und Rittergut Zabelkau, südlich von Ratibor. Oberschlesiens Holzkirchen legen noch altersgeschwärzt ein beredtes Zeugnis der sakralen Holzarchitektur ab.

Eichendorffdenkmal in Ratibor. 1909 an Ratibors Bahnhofstraße enthüllt, wird das Original 1945 zerstört … 1994 dann im Zeichen politischer Veränderungen, nach alten Vorlagen gestaltet, erneut aufgestellt.

Beuthen, Königshütte oder Kattowitz überzeugen ihn von der wirtschaftlichen Bedeutung. Hindenburgs symbolische Silhouette mit den das Häusermeer überragenden Essen, Fördertürmen und Hochöfen, mit lohenden Feuersäulen und gespenstischen Dampfwolken steht als Urbild dichterisch-malerischer Entwürfe. An der Oder liegt mit Cosel einer der größten europäischen Binnenschifffahrtshäfen. Dahinter Oppeln, die weiße Stadt am Strom, mit ihrer barockisierten Bergelkirche aus den Tagen Adalberts von Prag. In Neisse, der alten hochfürstlich-bischöflichen Residenz, zeugen Jakobskirche, Rathaus und Waagehaus vom Aufstieg eines selbstbewußten Bürgertums. Neustadt ist für seine Damast- und Leineweberei, Tarnowitz für seine »*schönen Emils*« (die allesamt Schüler der Bergschule waren), Tichau für sein Bier bekannt. In Ottmachau, der Stadt am »*Schlesi-*

Gleiwitz: Luftaufnahme von Zentrum und Ring. Die Stadt an der Klodnitz, eine Gründung des späten 13. Jhdts., ist die Eingangspforte zum oberschlesischen Industrierevier. Hier wurde 1796 der erste Hochofen auf dem europäischen Festland angeblasen.

Blick auf Hindenburg (bis 1915: Zabrze). Durch den Zusammenschluß mehrerer Industriegemeinden erstarkt, blüht Hindenburg – seit 1922 mit Stadtrecht – zur wichtigen Industriemetropole auf.

Kumpels in deutscher Bergmannstracht am Festtag der hl. Barbara. Die Schutzheilige der Bergleute, die – »St. Barbara, du edle Hort,/ bleib immer bei uns mit vor Ort« – den Bergmann unter Tage vor Unbill schützt, steht in Oberschlesien in besonders hohem Ansehen.

schen Meer«, steht das Schloß der Familie von Humboldt, Deutsch-Piekar hat ein aus dem 15. Jh stammendes Marienbild zum Ziel jährlicher Wallfahrten gemacht.

In Stadt und Land reihen sich prominente Oberschlesier wie der vom Verwalter der Gräflich Ballestremschen Güter zu Deutschlands Kohlen- und Zinkkönig aufgestiegene Karl Godula aus Makoschau ein, wie der Konstrukteur der Leica-Optik Max Bereg aus Ratibor und der Carlsruher Chinaforscher Ferdinand Freiherr von Richthofen. Das Geburtshaus von Walther Freiherr von Lüttwitz, der den Spartakus-Aufstand niederschlug und zusammen mit Wolfgang Kapp den Kapp-Lüttwitz-Putsch auslöste, steht in Bodland.

Ernst Friedrich Zwirner, ab 1833 erster Dombaumeister bei der Vollendung des Torso gebliebenen Kölner Doms, kommt aus Jakobswalde, der Pionier der drahtlosen Telegrafie Georg Wilhelm A. Graf von Arco aus Großgorschütz, Rudolf von Neumann, Generalmajor und Schöpfer des brauchbaren Perkussionszünders, aus

Carlsruhe und Julius Raschdorf, der Erbauer des Berliner Doms, aus Pless.

Die Nobelpreisträger Otto Stern und Konrad Bloch stammen aus Sohrau bzw. Neisse, die Kernphysikerin Maria Goeppert-Mayer und der Schauspieler Willi Fritsch aus Kattowitz, der Komponist und *»Künder der deutschen Seele«* Richard Wetz aus Gleiwitz. Zu den bekanntesten Schriftstellern und Dichtern des oberschlesischen Raums zählen neben dem Kreuzburger Gustav Freytag Friedrich von Sallet und Max Herrmann aus Neisse, Max Tau und Josef Wiessalla aus Beuthen, Alfons Hayduk und Hans Niekrawitz aus Oppeln. Das Bild runden Josef Elsner, der Lehrer Chopins, aus Grottkau, Bernhard Grzimek, Zoologe aus Neiße und Eduard Schnitzler (nach Übertritt zum Islam: Mehmet Emin Pascha), Kolonialpionier aus Oppeln.

Während über Antek und Franzek – Oberschlesiens Tünnes und Schäl – im Alltag viel häufiger gesprochen wurde, war und blieb der bekannteste Sohn des Landes Josef Freiherr von Eichendorff, in dessen dichterischem Schaffen Heimweh, Wanderlust, Sehnsucht

Beuthen: Rathaus und Ring. Deutschlands typischste Bergbaustadt bildet den eigentlichen Mittelpunkt des oberschlesischen Industriereviers. In Beuthen stellte Berghauptmann Friedrich Graf von Reden 1787 die erste Dampfmaschine des europäischen Festlands auf.

Seite 105: Reste-Berger in Beuthen. Die Stadt im Vorfeld der Karpathen verbleibt nach dem Ersten Weltkrieg bei Deutschland, sticht als Grenzort jedoch wie ein Dorn ins polnische Oberschlesien hinein.

und Abschied eine so prominente Rolle spielen. »Der Jäger Abschied«, »Wem Gott will rechte Gunst erweisen«, »Wer hat dich, du schöner Wald, aufgebaut so hoch da droben« ... Eichendorffs Verse, von Mendelssohn, Schumann und Wolf vertont, zählen bis heute zu den schönsten deutschen Volksliedern. Für den Oberschlesier sind sie fester Bestandteil der Heimaterinnerung, Mitgift seiner Geschichte. Wer sie vergessen konnte, hatte das Land zwischen Ratibor und Carlsruhe, Leobschütz und Lublinitz nie so richtig erlebt.

Die Vaterstadt *(Gruß an Beuthen)*

Und alles wird am Abend wieder wach:
das Vaterhaus mit seinen hellen Stuben,
der Ring, das Rathaus und der Iserbach,
der Kirche Sankt Marien altes Dach,
der große Stadtpark und die Kohlengruben.

Die Zeit versank. Die Kindheit ist wie Traum.
Doch leben noch die Bilder und begleiten
das Herz getreu auch durch den fremden Raum.
Der Vogel Sehnsucht singt im Abendbaum
das Heimverlangen nach der Heimat Beuthen.

Ein Fremder mochte sagen, sie sei grau
und ohne Schmuck und kostbare Juwelen,
sie gleiche einer schlichten Bergmannsfrau.
Denn ihre Schönheit trug sie nicht zur Schau
wie eitle Damen, die von sich erzählen.

Und dennoch war sie reich und gab uns mehr
als Brot und Dach in jenen vollen Jahren.
Nie waren ihre Mutterhände leer,
sie schenkte still die goldnen Garben her,
die wir mit Dank und Liebe aufbewahren.

Gerhard Kukofka

Beuthen o/s Bahnhofstr. 21. - 1. Etage
1. Etage Reste-Berger

Inhaber: Max Berger

Die Firma Reste-Berger, Beuthen ist im Jahre 1910 gegründet worden. Von kleinsten Anfängen hat sich die Firma zu einer der größten und bedeutendsten dieser Art ganz Oberschlesiens heran-gebildet und genießt den besten Ruf infolge ihrer Reellität und der bekannt größten Auswahl in Stoffen aller Art. Insbesondere führt die Firma besseren Genre in feinsten Qualitäten und unter-hält auch großes Lager in Samten und Seidenstoffen. Die Firma Reste-Berger ist jedermann als reelles Haus bestens zu empfehlen.

Warum der treudeutsche Hultschiner in Ratibor erschien

Alfons Hayduk, mit der Eichendorff-medaille ausgezeichneter Oberlehrer aus Oppeln, schrieb mehrere Beiträge zu schlesischer Thematik. Hin und wieder griff er dabei auch ungewöhnlich weit in die Vergangenheit zurück:

»Als die Menschen das Paradies verloren hatten und im Schweiße ihres Angesichts ihr täglich Brot verdienen mußten, schenkte ihnen der Herrgott in seiner unendlichen Güte den Garten Schlesien. Nicht, dass er ihnen von heute auf morgen zu eigen gewesen wäre – die urtümliche Landschaft zu jenem Garten zu gestalten, bedurfte des Fleißes und der Zähigkeit vieler Geschlechter, bedurfte des Fruchtens und Wachsens von Jahrhunderten. Dann erst erblühte jenes herrliche Stück Erde mit der reichen Vielfalt seiner Teile, die rauschende Wälder, goldene Äcker und grüne Flure umfaßten, liebliche Täler und sanfte Hügel, den mächtigen Wall der Sudeten und die Weite der östlichen Ebene, von der man wie auf einer Himmelstreppe zur Wolkenhöhe der Schneekoppe hinansteigen konnte, weithin gegrüßt vom schimmernden Band der Oder, dem Schicksalsstrom Schlesiens.«

Mitteleuropas Lebensnerv, für Hans Niekrawitz die *»schlichteste und unbesungenste Schwester unter den großen Flüssen«*, tritt südlich von Ratibor nach Schlesien ein, fließt hundertfach gebändigt, immer Rippe im Eichenblatt, durch das Breslau-Magdeburger Urstromtal, durchbricht den Schlesischen Landrücken, um in der Nähe der Mündung der Lausitzer Neiße das Land wieder zu verlassen. Es sind Oder und Nebenflüsse, die ihr fast symetrisch zufließen, die Schlesien entwässern. Niekrawitz, der für den Fluß eine ähnliche Rolle wie Smetana für die Moldau spielt, begleitet seinen Lauf vom Quellgebiet am Lieslberg im Mährischen Gesenke hin zur Ostsee: *»Vorüber an Freude und Trübnis/ dorfentlang und städtehindurch,/ fließt unwandelbar/ durch die Strömung der Zeiten/ die Oder ...«.*

Es sind Oder und Oppa, die jenes Hultschiner Ländchen begrenzen, das

– obwohl immer wieder einmal umkämpft – praktisch erst nach dem Ersten Weltkrieg so recht in das Licht der Geschichte tritt. Stehen am Anfang des Friedens durch Gerechtigkeit doch Versailles und Genfer Protokoll, die das Ländchen bedingungslos, das heißt ohne Volksabstimmung aus dem Deutschen Reich lösen und der neu gegründeten Tschechoslowakischen Republik zuschlagen, deren Grenzen gerade erst festgelegt werden. Als Legitimation dient der mährische Dialekt des Großteils der Bevölkerung.

Vergeblich setzten sich die Hultschiner, die die deutsche Kultur mit der mährischen Umgangssprache verbunden, im Weltkrieg auf deutscher Seite gekämpft hatten, gegen den Schiedsspruch zur Wehr. Hultschiner Frauen sandten ihren Protest gleich »an die Frauen der ganzen Welt«, den Papst erreichte die Bitte um Unterstützung in der Erlangung eines Plebiszits. Bei den ersten tschechoslowakischen Kommunalwahlen errangen die deutschen Parteien auf Anhieb über 75 Prozent. Doch Eichendorffs »Herr der Weltgeschichte« hatte – »denn seine sind nicht euere Gedanken« – einmal mehr mit Blitzen gesprochen.

1920 besetzen tschechische Truppen das Gebiet und verhängen den Ausnahmezustand, 1923 werden die Dörfer Sandau und Haatsch einverleibt. Im Rahmen einer tschechischen »Rücknationalisierung« kommt es – Feuerwehren ausgeschlossen – zum Verbot deutscher Vereinigungen, deutsche Schulen mit Ausnahme in den rein deutschen Dörfern Zauditz an der Bilawoda und Thröm müssen schließen, der Deutsch-Mährische Volksbund wird aufgelöst. Der »Reichsverband heimatliebender Hultschiner« sieht sich gezwungen, seine Monatsschrift »Der treudeutsche Hultschiner« in Ratibor herauszugeben.

Das Münchner Abkommen macht das »nordmährische Schlesien« erneut deutsch, Teil der neugebildeten Provinz Oberschlesien (Regierungsbezirk Oppeln). Die Hultschiner werden zu Deutschen erklärt und warten darauf, dass die Geschichte weitergeht. Schon 1945 macht sie wieder zu Tschechen. Im Zweiten Weltkrieg, Max Herrmann-Neisse fragte sein »Spieglein, Spieglein an der Wand, wann kommt der Friede diesem Land?«, hatte das Ländchen weit weniger gelitten als das nahe Ratibor, polonisiert jetzt Raciborz.

Dieses Hultschiner Ländchen (tschech.: Hlucinsko) – die kleine festungsartige Stadt Hultschin (Hlucin), die Maurer- und Hausiererdörfer Krawarn (Krowiarki), Kauten (Kouty) und Bolatitz (Bolatice) mit weiteren je 30 Gemeinden und Gutsbezirken – ragt mit einer Gesamtfläche von gerade 316 qkm ins Nordmährische Land. Der Form nach ein Viereck, hat es für alle, die noch nie etwas davon gehört hatten (und wer hatte außerhalb Schlesiens tatsächlich schon einmal davon gehört), laut Art. 83 des Versailler Vertrags folgenden Umfang:

»Von einem 2 km südöstlich von Katscher an der Grenze der Kreise Ratibor und Leobschütz gelegenen Punkte ab, die Grenze zwischen den beiden Kreisen; dann die alte Grenze zwischen Deutschland und Österreich-Ungarn bis zu einem Punkte, der an der Oder hart südlich der Eisenbahnlinie Ratibor-Oderberg liegt; von dort nach Nordwesten bis zu einem ungefähr 2 km südöstlich von Katscher gelegenen Punkte; eine im Gelände noch zu bestimmende Linie, die westlich von Kranowitz verläuft.«

Ein Landstrich, der von mährischen Slawen (sog. Morawzen) besiedelt war, bevor sich seine Herren im 13. und 14. Jh. um den Zuzug deutscher Siedler bemühten. Der Hauptort Hultschin, von Böhmenkönig Ottokar II. auf dem linken Oppaufer vor 1278 gegründet, erhielt 1314 deutsches Stadtrecht, legte 1387 den Grundstein zur katholischen Stadtpfarrkirche St. Johannes der Täufer und war dann wie die Kleinstädte Zauditz oder Beneschau stark deutsch geprägt.

Kohlenbergbau bei Pershofen im preußisch-schlesischen Kreis Ratibor. Die Grube in der südöstlichen Ecke des Hultschiner Ländchens versieht das typische Agrarland mit einer industriellen Note.

In der Folgezeit wechselte die provincia Holacensis mehrmals die Hand, erwiesen sich Veränderungen als durchaus stabil. 1471 wurde ein Sohn des Tschechen Podiebrad mit Stadt und Land belehnt. Der überließ beides – sprachlich bereits erheblich slawisiert – dem Ungarn Corvinus, dessen Sohn das Ländchen an Böhmens Krone weitergab. Hultschin gehört zum Troppauer Bereich, zum Herzogtum Ratibor, zu Habsburg, das es 1613 als erbliches Mannlehen dem Haus Liechtenstein vermacht, ab 1742 zu Preußen. Die Teilung Gesamtschlesiens löst Hultschins alte Bindungen an Troppau, das zusammen mit den Herzogtümern Jägerndorf, Teschen und Bielitz Österreichisch-Schlesien bildet, um nun verstärkt nach Oppeln, Breslau oder darüber hinaus nach Berlin zu blicken.

Slawen und Deutsche – unter Oberschlesiern als Gesenkebewohner bekannt – richten sich unter dem Preußenadler ein, vor dem Ersten Weltkrieg bildet das Ländchen den südwestlichen Teil des Kreises Ratibor. 1910 wurden hier knapp 50 000 Einwohner gezählt, deren Haussprache am häufigsten eine etwas altertümliche mährische Mundart mit deutschen Einsprengseln ist. Wenn der slawische Hultschiner, der sich selbst als »*Prajzaky*« (Preuße) bezeichnet, etwas schreiben will, verwendet er das Mährische, doch in gotischer Schrift. Geschäftssprache ist Deutsch, verdienen die umtriebigen Hultschiner ihr Einkommen doch auch damit, daß sie alljährlich gen Westen aufbrechen, um dort als Hausierer und Maurer zu arbeiten.

In Verbindung mit Oberschlesien ist das Ländchen in erster Linie Kornkammer, als Agrarland ein Überschußgebiet. Wirtschaftlich interessant sind Flachsanbau und die Steinkohlengruben um Petershofen. Zu Hultschins Großgrundbesitzern zählten die Wiener Bankiers von Rothschild und die Lichnowskys, deren Familienoberhaupt Preußenkönig Wilhelm I. das Prädikat »*Durchlaucht*« verliehen hat.

Die streng katholischen Hultschiner (alle anderen trieben sich hier nur zufällig herum) galten als biederes Völkchen, aufgeweckt, wanderlustig und etwas »altförmlich im Umgang«. Zu ihren bedeutendsten Persönlichkeiten zählten der Domherr und Reiseschriftsteller Wilhelm Frank, der Komponist Karl Sczuka, der Maler Johannes Bocheneck, der Schriftsteller August Scholtis (»Ein Herr von Bolatitz«) und Paul Blaschke, letzter deutscher Domkapellmeister zu Breslau. Felix Maria Vincenz Andreas Fürst von Lichnosky, 1848 von Ratibor in die Frankfurter Nationalversammlung gewählt, vertritt dort als bedeutender Redner die katholische Rechte. Während des Frankfurter Aufstands fällt er auf der Bornheimer Heide einem Mordanschlag zum Opfer.

Das Ländchen war die Heimat der Vorfahren Eichendorffs. Der Lyriker, im Deutschen Dichtersaal von Lubowitz als Sproß einer alten Adelsfamilie geboren, besuchte aus seinem mehr nördlich gelegenen Stammschloß seine Verwandten in Schillersdorf und Deutsch-Krawarn, dem Hauptort neben Hultschin. Eichendorffs Lieder feiern das schöne Oppatal mit seinen herrlichen Wäldern, ein weiterer Beweis dafür, daß das Ländchen die allgemeine Entwicklung Oberschlesiens zum Kulturland mitgemacht hatte. Denn ob Hultschin, Tost, Krappitz oder Tarnowitz ... wäre Goethe statt 1790 rund 100 Jahre später ins Oberschlesische gekommen, hätte er sich dort ohne Zweifel nicht mehr kategorisch »fern von gebildeten Menschen« gefühlt.

Der Päpstliche Legat Holstenius, der den für Räuber- und Diebesgesindel geradezu idealen Landstrich einmal »unflätig und barbarisch« empfand, seine Speisen unappetitlich, sein Bier ganz schlecht, die Wohnstätten für Mensch und Vieh gemeinsam? Ratibor, zu dessen Kreis das Ländchen lange genug zählte, hatte dem zu Beginn des 20. Jh. eine Seifenfabrik Hoffmann

und die Fabrik für Badeanlagen Heinrich & Mangelsdorff entgegenzusetzen, die Hutfabrik Hückel, die Baugeschäfte Klose oder Lüthge und die Weingroßhandlung Pryszkowski (um nur einige Namen zu nennen). Die Stadt der fröhlichen Kämpfer war Eisenbahnknotenpunkt und bedeutender Industriestandort, mit Räuber- und Diebesgesindel hatte man längst preußisch-streng aufgeräumt. Und was die Speisen anbetraf (man denke an Spezialitäten wie Ratiborer Sauerkraut und Ratiborer Gurken!), so war es wiederum der Oberlehrer Alfons Hayduk, der der Nachwelt die Speisekarte von zwei so typischen Oberschlesiern wie dem Antek und dem Franzek erhalten sollte:

»Die ganze Woche leben wir auf billig-/ Montag gibt es Kälberzäh'n mit Schlickermilch./ Dienstag: viel Kartoffli aus dem Keller,/ Flaki oder Zur im tiefen Teller!/ Mittwoch etwas für die Atemlust:/ Metzno Kren mit Rinderbrust./ Donnerstag gab's Schweinebraten,/ Polski Klußki und im Kraut die Schwarten./ Freitag: Schledsch mit sehr viel Zwiebel,/ Daß erlöst wir sind von Übel./ Samstag, weil es schnell geh'n mußt ja,/ Fetten Krupniok mit Kapusta./ Sonntags wurde nicht gespart:/ Braten gab es, fein und zart,/ Braten gab's in jedem Falle-/ War's der Kokott oder nur der Krulik aus dem Stalle.«

Hultschiner und Hultschiner Ländchen, Menschen und ihre Landschaft, daran gewohnt, dass die Geschichte mit ihnen macht, was sie will: Am 17. August 2000 strahlt Radio Prag die Meldung aus, wonach »aus dem Gebiet, das man bis zum Krieg das Hultschiner Ländchen nannte und das im Südmährischen Schlesien liegt« um die 2000 Bürger den Völkerfrühling nutzend die deutsche Staatsangehörigkeit beantragt hätten. Die tschechische wäre ihnen und ihren Familien nach dem Ersten, dann noch einmal nach dem Zweiten Weltkrieg aufgezwungen worden. Behaupteten sie.

Seite 111: Erste Grabplatte der hl. Hedwig in Trebnitz. Die liegende Gestalt der schlesischen Schutzpatronin, dem Faltenwurf der Kleidung entsprechend für eine stehende Figur gefertigt, befindet sich heute in der St. Johannes-Kapelle.

Zeittafel

400 V. CHR. BIS 600 N. CHR. Germanen wandern in Schlesien ein. Silinger, ein Unterstamm der Wandalen, der dem Land wahrscheinlich den Namen gibt, besiedeln die fruchtbare Schwarzerdplatte zwischen Oder und Gebirge. Nach ihrem Abzug wandern slaw. Sippen nach.

VOR 1000 Böhmenhzg. Wlatislaus I. legt an einem Oderübergang im Gebiet des späteren Breslau eine Grenzburg an. Mieszko I. Dagone aus dem heidnischen Hause der Piasten faßt im Raum zwischen Weichsel, Netze und Warthe verstreute Stämme der Westslawen politisch zusammen, um dann machtpolitisch nach Mittel- und Niederschlesien zu greifen (Entstehung Polens). Die Oder in etwa Grenzscheide zwischen dem Einfluß poln. Piasten aus dem Raum Posen-Gnesen und böhm. Premysliden. Mieszko nimmt für sich und sein Land das Christentum an und wird dem röm.-dt. Reich tributpflichtig. Sein Sohn erobert die oberschles. Gaue.

1000 Wratislawia (lat. für Breslau) geschichtlich erstmals erwähnt. Ks. Otto III. errichtet das dem Erzbistum Gnesen unterstellte Bistum Breslau. Polenhzg. Boleslaus I. *»der Tapfere«* erkennt 1013 den röm.-dt. Ks. Heinrich II. als Lehnsherrn an.

1017 Bischof Thietmar von Merseburgs Chronik erwähnt »niemczi« in den Vorbergen des Eulengebirges, an einer Straße, die Breslau mit Böhmen verbindet (nemzi, nemecky etc. – das Wort für *»stumm«* – steht in fast allen slaw. Sprachen für deutsch).

AB 1038 Böhmenhzg. Bretislav I. fällt in Schlesien und Polen ein. Nach Vermittlung Ks. Heinrichs III. erhält Po-

lens Kasimir *»der Wiederhersteller«* im Frieden von Quedlinburg (1054) Schlesien zurück, ist Böhmen jedoch tributpflichtig. Erneute Kriegshandlungen zwischen Polen und Böhmen, in die auch dt. Kaiser eingreifen.

1137 Ende der böhm.-poln. Kriege: Im Glatzer Pfingstfrieden kommt Schlesien bis zu den Sudeten zu Polen, der Glatzer Kessel bleibt bei Böhmen. Beginn langwieriger Erbstreitigkeiten innerhalb der piastischen Dynastie.

1138 Poln. Reichsteilung. Der mit der Babenbergerin Agnes verheiratete Wladislaus II. erhält Schlesien, aus dem er 1146 von den übrigen Teilfürsten und dem Gnesener Erzbischof vertrieben wird. Sein Bruder Boleslaus IV. *»Kraushaar«*, der seine Nachfolge antritt, verweigert Friedrich I. Barbarossa die Heerfolge, was dem Ks. als Anlaß zum Polenfeldzug von 1157 dient.

1139 Beginn der dt. Ostsiedlung.

1163 Ks. Friedrich I. leitet Schlesiens Selbständigkeit ein. Errichtung von zwei schles. Herzogtümern durch die aus dem Exil zurückgekehrten Söhne

von Wladislaus II., die im Gegensatz zu ihren poln. Verwandten eine eigene Piastendynastie bilden: das Hzgt. Breslau mit nahezu ganz Niederschlesien unter Boleslaus I. *»dem Langen«*, das Hzgt. Ratibor mit Beuthen, später auch Oppeln, unter Mieszko II. Schlesien politisch auf das Reich angewiesen. Seine Piastenlinien sind weitgehend *»eingedeutscht«*, sie wählen dt. und böhm. Gemahlinnen, haben dt. Gefolgsleute und stützen sich auf die dt. Kirche.

1175 Boleslaus ruft Zisterzienser aus dem thüringischen Pforta in das von poln. Benediktinerinnen unterhaltene Kloster Leubus, unter dessen Immunität die ersten dt. Bauern leben. Den Mönchen als eigentlichen dt. Kolonialpionieren folgt – mit Ausnahme einiger dürftiger Spuren gegen Ende des 12. Jh. im Zeitraum zwischen 1207 und 1209 – ein großer Siedlerstrom aus dem Reich. Das Land öffnet sich freiwillig, seine Herzöge und die slaw. Bevölkerung profitieren von den modernen Wirtschafts- und Verfassungsformen der Ostwanderer.

1201–38 Heinrich I. *»der Bärtige«* von Niederschlesien, Gemahl der bayri-

schen Grafentochter Hedwig von Andechs-Meranien, wirbt dt. Siedler für die Grenzwaldzone. Anlage von Bauerndörfern nach dt. Recht (jus teutonicum) um Breslau. Herrschaft Heinrichs in Klein-Polen, Eroberung Groß-Polens bis zur Warthe und Netze. Gründung von Städten wie Goldberg oder Löwenberg (nach Magdeburger) und Neumarkt (nach Haller Recht). Schlesien wird unabhängig. Beginn der dt. Besiedlung Oberschlesiens.

1203 Stiftung des Frauenklosters Trebnitz bei Breslau durch Heinrich I. Auftakt zur großen Zeit des Kirchenbaus (1221 Kloster Heinrichau, vor 1247 Kamenz, 1258 Rauden, 1280 Himmelwitz und 1292 Grüssau).

1241 Mongoleneinfall über Krakau und Breslau. Heinrich II. »der Fromme« fällt mit dem größten Teil seines dt.-poln.-böhm. Heeres auf der Wahlstatt bei Liegnitz. Sieg der Mongolen, doch Abzug nach dem Tod ihres Großkhans. Verstärkte Einwanderung dt. Bauern, Handwerker und Bergleute. Die Kolonisation steigt vom Sudetenabfall ins Gebirge, das Schlesien von Böhmen trennt. Östlich davon tritt das mit dt. Recht versehene, geschlossene dt. Dorf an die Stelle des Einzelhofes. Nach Heinrichs Tod übernimmt Sohn Boleslaus II. die Regierung bis zur Erbsonderung.

1248–51 Konrad I. begründet das Hzgt. Glogau, Boleslaus II. das Hzgt. Liegnitz, Heinrich III. und sein Bruder Wladislaus erhalten Breslau. In den kommenden 150 Jahren werden in Schlesien rund 120 Städte und 1200 Waldhufen-, Straßen- und Angerdörfer angelegt. Neugründung Breslaus auf den Trümmern des Mongolensturms, das – Sitz weltlicher wie geistlicher Gewalten – zu einer der bedeutendsten Städte im dt. Osten aufsteigt.

1266–90 Hzg. Heinrich IV. von Bres-

lau erkämpft sich die Vormachtstellung in Schlesien, wird im Streit um Besitzansprüche und Einkommensfragen der Kirche jedoch gebannt. Nach seinem Tod Zerfall Schlesiens durch immer neue Erbteilungen in viele Teilfürstentümer. Böhmen und das wiedererstandene Königreich Polen versuchen Einfluß geltend zu machen.

1267 Heiligsprechung Hzn. Hedwigs, die sich durch karitatives Wirken, Kloster- und Kirchengründungen als Landesmutter von Deutschen und Polen große Verdienste erworben hat, seitdem Schutzpatronin Schlesiens.

1289 Hzg. Kasimir II. von Cosel-Beuthen huldigt, von Polen bedroht, dem Böhmenkönig.

1299 Ratibor erhält Magdeburger Stadtrecht.

1327 Erbansprüche teilen Oberschlesien in 9, Restschlesien in 8 Fürstentümer neben dem Bistumsland um Ottmachau und Neisse. Durch die Zersplitterung geschwächt, von Polen bedroht, suchen die Piasten Lehnsanschluß bei Kg. Johann von Böhmen aus dem Hause Luxemburg, der dt. Reichsfürst ist. Im Vertrag von Trentschin an der Waag (1335) verzichtet Kasimir III., der letzte poln. Piast, »unter Handauflegung auf das heilige Evangelium auf ewige Zeiten« zugunsten Böhmens auf die schles. Teilherzogtümer. Schlesien staatsrechtlich endgültig von Polen gelöst, seine Bevölkerung weitgehend im dt. Kulturkreis integriert. Lediglich Oberschlesien hat im Lauf der Jahrhunderte wieder einen starken slaw. Bevölkerungsanteil. Das Bistum Breslau bleibt Teil der poln. Kirchenprovinz Gnesen (bis 1821).

1342 Schlesien huldigt Karl IV. von Böhmen.

Erzherzog Ferdinand von Österreich, als Ferdinand I. König von Böhmen und römisch-deutscher Kaiser.

1348 Ks. Karl IV. (1316–78), in 3. Ehe mit der 1355 zur Ksn. gekrönten Piastentochter Anna von Schweidnitz vermählt, bestätigt Schlesiens Anschluß an Böhmen. Der Einfluß des dt. Hofes in der Residenzstadt Prag, die Abhängigkeit und geistig-kulturelle Verbindung mit Böhmen, bringen dem Land eine kurze Blüte, Renaissance und die Glanzzeit des Humanismus an der Prager Universität wirken sich vorteilhaft aus.

UM 1350 Der Sudetenschlesier Johannes von Neumarkt, Hofkanzler Karls IV., formt in seiner Prosa Grundlagen der neuhochdeutschen Schriftsprache, die über Prag allgemeine Geltung im dt. Sprachraum gewinnen.

1378 Streitigkeiten im Hause Luxemburg nach dem Tod Karls IV. Sohn Wenzel (1361–1419) erhält Schlesien zusammen mit Böhmen, Bautzen und der westlichen Niederlausitz.

1400 Wenzel »der Faule«, als dt. Kg. abgesetzt, bleibt Kg. von Böhmen.

1415 Der Konstanzer Flammentod des tschech. Vorreformators Johannes Hus löst religiöse Unruhen und nationale Agitationen aus.

1420 Schlesiens Fürsten huldigen Kg. Sigismund, dem die Tschechen nach Wenzels Tod die Anerkennung als Kg. von Böhmen verweigern, auf dem Reichstag zu Breslau. Niederlage eines schles. Heeres in Böhmen (1421).

1425–35 Hussiten brechen in Schlesien ein und verwüsten weite Teile des Landes. Nur die großen waffentüchtigen Städte können sich halten, Breslau Symbol des schles. Widerstands.

1430 Der litauische Prinz Korybut stürmt Gleiwitz, das Hauptstadt eines slaw. Großreichs werden soll. Im gleichen Jahr fallen Nimptsch, Ottmachau und Kreuzburg.

1437 Streit mit den poln. Jagellonen um Böhmens Krone nach Sigismunds Tod. Der Jagellone Kasimir Gegenkönig Albrechts II. von Österreich.

1438 Die Kaiserkrone beim Hause Habsburg (bis 1806). Wladislaus V. (1456–1516) und Maximilian I. (1459–1519) legen durch Doppelhochzeit zwischen ihren Herrscherhäusern den Grundstein für das Habsburger Großreich.

AB 1458 *»Ketzerkönig«* Georg von Podiebrad, der gemäßigten Hussiten-Fraktion zugerechnet, wird von den böhm. Ständen zum Kg. gewählt und belehnt seine Söhne mit Münsterberg, Troppau und Glatz. Tschechisch in Teilen Schlesiens Amtssprache. Breslau lehnt Podiebrad ab und huldigt 1469 dem ungar. Kg. Matthias Corvinus (1440–90). Dessen Nachfolger wird Wladislaus V. von Böhmen aus dem Hause der Jagellonen.

1517 Beginn der Reformation, ab 1520

Einzug in Schlesien, das in Johann Hess seinen eigenen Reformator hat.

1523–1620 Markgraf Johann Georg *»der Fromme«* von Ansbach-Brandenburg, ein konsequenter Lutheranhänger, erhält nach dem Tod des Piasten Johannes von Oppeln die Herrschaft über das Hzgt. Oppeln und Ratibor sowie der Herrschaften Beuthen, Oderberg und Jägerndorf (bis 1603 im Besitz der fränkischen Hohenzollern). Belebung des Bergbaus in der Beuthener Herrschaft und Gründung der Bergstadt Tarnowitz.

1526 Gründung der ersten evg. Hochschule Europas in Liegnitz. Die Sprachinsel Bielitz-Biala Hochburg des Protestantismus im alten Österreich. Schlesien um 1565 zu 90 % protest., was Bindungen zum dt. Kernland stärkt.

AB 1526 Wahl Erzhzg. Ferdinands von Österreich (1503–64) zum Kg. von Böhmen. Von den Schlesiern durch den Leobschützer Fürstentag anerkannt, fördert der Verbund mit dem Habsburger Großreich Wirtschaft

Karl IV., römisch-deutscher Kaiser, in dritter Ehe Gemahl der Piastentochter Anna von Schweidnitz.

Sigismund (1368–1437), König von Böhmen und römisch-deutscher Kaiser.

und Handel. Den Schlesiern werden durch Türkenhilfe, -steuer, Grenzzoll etc. große finanzielle Bürden auferlegt, ihre Landesfürsten durch die Zentralgewalt in die Rolle bloßer Grundherren gedrängt.

1537 Erbvertrag zwischen Brandenburg und Liegnitz, Brieg und Wohlau.

1564–76 Maximilian II. Schlesien, eines der wohlhabendsten Länder Habsburgs, unter Ferdinands Nachfolger ein Beispiel religiöser Toleranz.

1576–1612 Rudolf II. Schlesiens Stände, von der Gegenreformation aufgeschreckt, verweigern die Steuern, der Majestätsbrief von 1609 erklärt beide Konfessionen für gleichberechtigt. Rudolf verliert die Herrschaft über Österreich, Ungarn, Mähren und schließlich auch Schlesien, nachdem sich die böhm. Stände zu seinem Bruder Erzhzg. Matthias bekennen. Matthias (1612–19) und Ferdinand II. (1619–16) treten seine Nachfolge an.

1618–48 Die Verletzung des Majestätsbriefs führt zum Aufstand des protest. böhm. Adels, von Schlesien durch den Gegensatz zum kath. Wien unterstützt. Die schles. Stände huldigen Kurfürst Friedrich von der Pfalz als Ferdinands Gegenkönig und Führer der protest. Union. Niederlage des »*Winterkönigs*« in der Schlacht am Weißen Berg bei Prag. Dem Kriegszug des evg. Feldherrn Graf Ernst von Mansfeld durch Schlesien folgt der Gegenstoß der Kaiserlichen. Zwangsweise Rekatholisierung durch die berüchtigten Liechtensteiner Dragoner. Nach der Enteignung Markgraf Johann Georgs von Brandenburg geht Jägerndorf an den kath. Fürsten Karl von Liechtenstein, die Herrschaft Beuthen und Oderberg an die Grafen Henckel.

1624 Martin Opitz (1627 von Ks. Ferdinand II. zum Dichter gekrönt) schreibt sein »*Büchlein von der deutschen Poeterey*«, das dem Jahrhundert als Lehrbuch des poetischen Handwerks dient.

1628 Albrecht von Wallenstein, kaiserlicher Oberfeldherr, wird mit dem Fürstentum Sagan belehnt.

1632 Einmarsch der evg. Mächte Sachsen, Brandenburg und Schweden in Niederschlesien.

AB 1639 Schlesien durch kaiserliche und schwedische Truppen verwüstet. Der Westfälische Frieden (1648) garantiert den evg. Fürstentümern Wohlau, Oels, Liegnitz und Brieg und der Stadt Breslau Religionsfreiheit, gesteht den Evg. in den einst mehrheitlich protest. Erbfürstentümern Niederschlesiens jedoch nur 3 Gotteshäuser (vor den Toren von Schweidnitz, Jauer und Glogau) zu. Verstärkte Rekatholisierung ab 1654. Rund 200 000 protest. Schlesier verlassen das Land, darunter viele Bergknappen der oberschles. Montanindustrie und Tuch- und Leinenweber aus dem Landeshuter Raum. Die Gegenreformation mit weltlicher Hilfe fördert den Einfluß

Wiens und lockert die Verbindung zu Böhmen.

1640–88 Aufstieg Brandenburg-Preußens. Tod des letzten schles. Piasten im Mannesstamm (1675), dessen Herzogtümer an das Haus Habsburg fallen. Friedrich Wilhelm von Brandenburg meldet Ansprüche auf Schlesien an.

AB 1648 Der schles. Geist (Opitz, Gryphius, von Logau, von Hoffmannswaldau, von Lohenstein, Böhme, Heermann, Silesius) hat im Dreißigjährigen Krieg einen Höhepunkt erreicht. Nach Kriegsende entsteht, von starken Spannungen und Gegensätzen zwischen den Konfessionen geprägt, ein nahezu unerschöpflicher Reichtum an Kunstwerken. Das von Zisterziensern und Jesuiten dominierte Klosterleben erfährt einen Aufschwung. Breslau Zentrale der neuen Kunstrichtung des kirchlichen Barock, seine Matthiaskirche Symbol der kämpferischen kath. Kirche.

1685 Löwenbergs barocker Chronist Konstantin Feige besingt im Heldenepos »*Adlerskraft oder Europäischer Heldenkern*« die Türkenabwehr vor Wien.

1686 Die Hohenzollern erwerben Schwiebus (1815 Brandenburg angegliedert).

1702 Gründung der Jesuiten-Akademie in Breslau, zu Ehren des Habsburgers Leopold I. Universitas Leopoldina genannt.

1705 11 Ks. Joseph I. mit gemäßigterer Konfessionspolitik. Karl XII. von Schweden (der Garantiemacht des Westfälischen Friedens) erreicht als Sprecher der evg. Schlesier die Rückgabe von 128 Kirchen (1707), dazu das Recht, 6 weitere Gnadenkirchen (Hirschberg, Landeshut, Freystadt,

Sagan, Militsch und – als einzige evg. Kirche Oberschlesiens – Teschen) zu bauen.

1740 Mit Karl VI. (seit 1711) stirbt die männliche Linie der Habsburger aus. Auftakt zum Öster. Erbfolgekrieg (1740–48).

AB 1740 Rivalität zwischen Brandenburg-Preußen und der mächtigen Türkenbezwingerin Österreich, Preuß.-öster. Dualismus (bis 1866). Eroberung und Behauptung fast ganz Schlesiens durch Friedrich den Großen (1740–86) in 3 Kriegen.

1740–42 1. Schles. Krieg, von Preußen formell mit Ansprüchen auf Besitzungen des im böhm. Aufstand enteigneten Markgrafen Johann Georg von Brandenburg begründet. Vorfriede von Breslau, Friede von Berlin: Niederschlesien, ein großer Teil Oberschlesiens und die Grafschaft Glatz fallen an Preußen während Teile des Hzgt. Troppau-Jägerndorf, des Bistumslandes und das Hzgt. Teschen habsburgisch bleiben. Troppau-Jägerndorf, Teschen und Bielitz bilden bis 1918/20 das Kronland Öster.-Schlesien mit der Hauptstadt Troppau.

1744–45 2. Schles. Krieg mit Sicherung des preuß. Anspruchs auf Schlesien im Frieden zu Dresden.

1756–63 3. Schles. Krieg (der Siebenjährige). Friedrich siegt bei Roßbach (1757), Leuthen (1757), Liegnitz (1760), erleidet eine böse Niederlage bei Kunersdorf (1759). 1763 kommt es, begünstigt durch den Herrscherwechsel in Rußland, zum Frieden von Hubertusburg. Ksn. Maria Theresia (1740–80) verzichtet mit Ausnahme von Teschen, der Stadt Troppau und des Landes südlich der Oppa auf Niederschlesien, die Grafschaft Glatz und Oberschlesien zugunsten Preußens. Mit dem Verlust Schlesiens hat das

Gebhard Leberecht Blücher, Fürst von Wahlstatt (1742–1819), preußischer Heerführer.

öster. Großreich die »*Obermacht*« in Deutschland verloren. Preußen fördert Schlesiens Wirtschaft (besonders Textil-, Seidenbetrieb, Bergbau, Hüttenwesen) und »*Peuplierung*«. Schlesien auf dem Weg zur bedeutendsten Industrieprovinz des dt. Ostens.

1772–95 Poln. Teilungen (zwischen Rußland, Preußen und Österreich), Ende des poln. Staats. Preußen verliert 1807 »*Neuschlesien*« an das Hzgt. Warschau.

1787 Inbetriebnahme der ersten Dampfmaschine im Tarnowitzer Blei- und Silberbergbau.

1806 Ende des Heiligen Römischen Reiches Deutscher Nation. Zusammenbruch Preußens in der Doppelschlacht von Jena und Auerstädt gegen Napoleon. Franzosen, verbündete Bayern, Württemberger und poln. Insurgenten dringen nach Schlesien ein. Cosel, Silberberg und die Festung Glatz halten sich bis zum Tilsiter Frieden.

1807 Napoleons Bruder Jerome General-Gouverneur in Breslau. Bildung der preuß. Provinz Schlesien aus den 1742 erworbenen Gebieten, denen 1815 der größte Teil der bis dahin kursächsischen Oberlausitz angegliedert wird.

1807–12 Preuß. (Stein-Hardenbergsche) Reformen mit Modernisierung des Staatswesens, Bauernbefreiung, Gewerbefreiheit etc. Säkularisierung der Besitzungen des Bischofs, des Domkapitals und der Klöster.

1810 Der aus dem Riesengebirge stammende Christian G. Koerner stellt seinen Kräuterlikör Stonsdorfer vor.

1811 Breslaus Universitas Leopoldina nach Vereinigung mit der protest. Viadrina (Frankfurt/Oder) Preußens erste Volluniversität mit einer kath. und evg. theologischen Fakultät.

1813 Übersiedlung des preuß. Hofes nach Breslau, das zum Ausgangspunkt der Dt. Freiheitskriege wird. Gründung des Lützowschen Freikorps. Kg. Friedrich Wilhelm III. stiftet den Orden vom Eisernen Kreuz und erläßt den berühmten »*Aufruf an mein Volk*« im Breslauer Schloß. Reitergefecht bei Haynau, Gefechte bei Goldberg, Plagwitz, Löwenberg und Bunzlau. Blücher gelingt an der Katzbach ein erster Sieg über Napoleon.

1816 Gründung des Reg.-Bzk. Oppeln. Der früher zum Fürstentum Brieg gehörende Kreis Kreuzburg und die Gebiete des alten Neißer Bischofslandes mit Oberschlesien vereinigt.

1826 Josef Freiherr von Eichendorffs Novelle »*Aus dem Leben eines Taugenichts*« erscheint.

1837 Zillertaler Protestanten (Inklinanten), aus ihrer Heimat ausgewiesen, siedeln sich in Erdmannsdorf (ab 1937: Zillertal.-E.) an. Mischehenstreit durch die staatlich verordnete Regelung, daß Kinder in Mischehen nach der Religion des Vaters erzogen werden müssen.

1841 Borsig baut seine erste Lokomotive, die an die Berlin-Anhalter-Bahn ausgeliefert wird.

1844 Weberaufstand.

1847–48 Hungertyphus in Oberschlesien.

1848–49 Revolution in Schlesien, Zusammenkunft des Frankfurter Paulskirchen-Parlaments. Der Versuch, polnischsprachige Oberschlesier in großpolnische Bestrebungen einzubeziehen, scheitert.

AB 1860 Erstarken des poln. Nationalismus in Oberschlesien u.a. aufgrund der sozialen Verhältnisse im aufkommenden industriellen Zeitalter. Das schnell wachsende Eisenbahnnetz fördert die allgemeine Industrialisierung (Waldenburger Bergland, Breslau) und den Aufbau einer modernen Textilindustrie (Landeshut, Schweidnitz, Liegnitz).

1865 Kattowitz zur Stadt erhoben. Oberschlesiens Industrie wächst im »amerikanischem Tempo«. Bevölkerungsanstieg mit starkem Zuzug von Polen aufgrund des wirtschaftlichen, sozialen und zivilisatorischen West-Ost-Gefälles.

1866 Deutscher Krieg, Österreich scheidet aus Deutschland aus.

1870–71 Deutsch-Französischer Krieg, Gründung des Dt. Reiches. Breslau mit 108 000 Einwohnern drittgrößte Stadt Deutschlands.

1914–18 Erster Weltkrieg. Das in Paris agierende »*Polnische Nationalkomitee*« arbeitet auf einen neuen poln. Staat hin, dessen Grenzen über jene Polens vor den Teilungen hinausgehen. Bei Kriegsende zählen die an den poln. Teilungen beteiligten Großmächte – das zaristische Rußland, Deutschland und Österreich – zu den Verlierern.

1915 Zabrze im oberschles. Industriegebiet wird durch allerhöchsten Erlaß zu Hindenburg.

1918 Propoln. Demonstrationen und Streikwellen in Oberschlesien, Bildung des »*Heimatschutzes Ost*« zur Sicherung der dt. Ostgrenze.

1919 Schlesien in 2 Provinzen aufgeteilt: Niederschlesien mit den Reg.-Bzk. Breslau und Liegnitz und Oberschlesien mit dem Reg.-Bzk. Oppeln. Insurgentenaufstand in Oberschlesien.

AB 1919 Der Entwurf des Versailler Vertrags schlägt Oberschlesien dem neuen poln. Staat zu. Festsetzung einer Abstimmung nach Bürgerprotesten durch Vermittlung Großbritanniens. Das Troppauer Gebiet, der Westen des Teschener Gebiets und das Hultschiner Ländchen gehen ohne Abstimmung an die Tschechoslowakei (1938 beim Sudetenland), das Osagebiet und nördl. Grenzgebiete des Reg.-Bzk. Breslau an Polen (1939 in der preuß. Provinz Oberschlesien). Poln. Aufstände mit dem Ziel, die Abstimmung zu verhindern, bzw. zu beeinflussen. Eine Internationale Kommission unter franz. Vorsitz übernimmt die Regierungsgewalt im von alliierten Truppen kontrollierten Abstimmungsgebiet.

1921 Abstimmung in Oberschlesien, 59,6 % der Bevölkerung entscheiden sich für Deutschland. Neuer poln. Aufstand. Der dt. Selbstschutz stürmt den von Aufständischen besetzten Annaberg. Durch die vom Völkerbund beschlossene Teilung erhält Polen den wirtschaftlich wertvolleren Teil Oberschlesiens.

1922 Das historische Schlesien ist dreigeteilt: Im Dt. Reich liegen die Provinzen Niederschlesien und Oberschlesien, in Polen die Wojewodschaft Schlesien mit dem bisherigen preuß. Ostoberschlesien und dem östl. Teil des Teschener Gebiets. Zur Tschechoslowakei zählt das um den östl. Teil des Teschener Gebiets verkleinerte, dafür mit dem Hultschiner Ländchen erweiterte frühere Öster.-Schlesien. Die Stadt Teschen ist geteilt, mit dem poln. Cieszyn rechts, dem tschech. Cesky Tesin links der Olsa. Dt.-poln. Abkommen mit minderheitenrechtlichen Sonderbestimmungen.

1925 Kattowitz, Hauptstadt Ostoberschlesiens, wird Bischofssitz.

1938 Vereinigung Nieder- und Oberschlesiens zur Provinz Schlesien. Troppau beim »*Reichsgau Sudetenland*«. Polen besetzt das Teschener Gebiet.

1939 Vorgetäuschter poln. Überfall auf den Reichssender Gleiwitz dient Hitler-Deutschland als Vorwand für den Angriff auf Polen. Wiedervereinigung ganz Oberschlesiens und des Hultschiner Ländchens mit Schlesien.

1944 Manifest des »*Polnischen Komitees der Nationalen Befriedung*« fordert die »*Rückkehr des alten poln. Pommerns und des Oppelner Schlesiens zum Mutterland*«. Schlesien seit Einsetzen der Luftangriffe »*Luftschutzkeller Deutschlands*«.

AB 1945 Schlesien Kriegsschauplatz, Kapitulation der »*Festung Breslau*« am 6. Mai. Schlesien nach Beschluß der Konferenzen von Jalta und Potsdam bis zur Lausitzer (Görlitzer) Neiße unter poln. Verwaltung. Die Oberlausitz zwischen Görlitz, Hoyerswerda und Muskau in der sowjet. Besatzungszone (Land Sachsen, 1952 auf die Bezirke Dresden und Cottbus

verteilt). Vertreibungswellen aus den nunmehr »*poln. Westgebieten*«. Über 3 Millionen Schlesier müssen ihre Heimat verlassen, rund 800 000 bleiben als sogenannte Autochthone (»*an Ort und Stelle Entstandene*«) in Oberschlesien und im Waldenburger Revier zurück. Kriegshandlungen und Vertreibung haben einer halben Million Schlesiern das Leben gekostet.

1946 Regierung Bierut läßt sich durch Volksabstimmung die Oder-Neiße-Linie als endgültige poln. Westgrenze bestätigen. Die vertriebenen Deutschen werden durch zwangsumgesiedelte Polen aus den an die Sowjetunion abgetretenen Gebieten und durch Umsiedler aus Zentralpolen ersetzt.

1950 Die DDR erkennt die Oder-Neiße-Linie als »*Friedensgrenze*« an. Die Charta der Heimatvertriebenen verzichtet auf Rache, fordert jedoch den Anspruch auf Heimat als ein Grundrecht der Menschheit. Zwangsweise Polnisierung der zurückgebliebenen Deutschen.

1970 Warschauer Vertrag über die Grundlagen der Normalisierung gegenseitiger Beziehungen: Die dt. Bundesregierung und die Volksrepublik Polen stellen fest, daß die Oder-Neiße-Linie die Westgrenze Polens ist.

1989 Erster dt. Gottesdienst seit dem Kriegsende auf dem Sankt Annaberg.

1990 Dt.-poln. Verträge über gute Nachbarschaft und Zusammenarbeit und Grenzvertrag als völkerrechtliche Anerkennung der Nachkriegsordnung.

1991 Kattowitz wird Partnerstadt Kölns.

2000 Breslau feiert seine tausendjährige Geschichte.

Große Schlesier

ANGELUS SILESIUS (eigtl. Johann Scheffler 1624 Breslau – 1677) Epigrammatiker und Liederdichter

Angelus Silesius

WILLIBALD ALEXIS (eigtl. Georg Häring 1798 Breslau – 1871) Schriftsteller

GEORG WILHELM A. GRAF VON ARCO (1869 Großgorschütz – 1940) Hochfrequenzingenieur

Friedrich Bergius

FRANZ GRAF VON BALLESTREM (1834 Plawniowitz – 1910) Industrieller und Politiker

BOLESLAW BARLOG (1906 Breslau – 1999) Regisseur

MAX BEREK (1886 Ratibor – 1949) Physiker und Optiker

FRIEDRICH BERGIUS (1884 Goldschmieden – 1949) Physiker/Nobelpreis 1931

Dietrich Bonhoeffer

HORST BIENEK (1930 Gleiwitz – 1990) Schriftsteller

GÜNTER BLOBEL (1936 Waltersdorf) Arzt und Wissenschaftler/Nobelpreis 1999

KONRAD BLOCH (1912 Neisse – 2000) Biochemiker/Nobelpreis 1964

JAKOB BÖHME (1575 Altseidenberg – 1624) Theosoph und Mystiker

DIETRICH BONHOEFFER (1906 Breslau – 1945) Theologe, Widerstandskämpfer

Max Born

MAX BORN (1882 Breslau – 1970) Physiker/Nobelpreis 1954

AUGUST BORSIG (1804 Breslau – 1854) Maschinenbauer und Industrieller, Sohn Albert (1829 Breslau – 1878) Unternehmer

August Borsig

FERDINAND COHN (1828 Breslau – 1898) Botaniker

CHRISTIAN GOTTLOB DIERIG (1781 Langenbielau – 1848) Industrieller

GUIDO HENCKEL VON DONNERSMARCK (1830 Breslau – 1916) Industrieller

JOHANN DZIERZON (1811 Lowkowitz – 1906) Theologe und Bienenzüchter

PAUL EHRLICH (1854 Strehlen – 1915) Bakteriologe/Nobelpreis 1908

Paul Erlich

JOSEF FREIHERR VON EICHENDORFF (1788 bei Ratibor – 1857) Erzähler und Lyriker

JOHANN GOTTFRIED ELSNER (1784 Gottesberg – 1869) Theologe und Schafzüchter

JOSEPH ELSNER (1769 Grottkau – 1854) Komponist

JOHANN IGNAZ FELBINGER (1724 Glogau – 1788) Augustinerabt und Schulreformer

JOSEPH FERCHE (1888 Pschow – 1965) letzter deutscher Weihbischof von Breslau

Gustav Freytag

GUSTAV FREYTAG (1816 Kreuzburg – 1895) Historiker und Schriftsteller

WILLI FRITSCH (1901 Kattowitz – 1973) Schauspieler

FRIEDRICH VON GENTZ (1764 Breslau – 1832) Politiker und Schriftsteller

Friedrich von Gentz

KARL GODULLA (1781 Makoschau – 1848) Industrieller

MARIA GOEPPERT-MAYER (1907 Kattowitz – 1972) Kernphysikerin/Nobelpreis 1964

ANDREAS GRYPHIUS (eigtl. A. Greif 1616 Glogau – 1664) Dichter

BERNHARD GRZIMEK (1909 Neisse – 1987) Zoologe und Publizist

JOHANN CHRISTIAN GÜNTHER (1695 Striegau – 1723) Lyriker

FRITZ HABER (1868 Breslau – 1934) Chemiker/Nobelpreis 1918

CARL HAUPTMANN (1858 Obersalzbrunn – 1921) Schriftsteller

GERHART HAUPTMANN (1862 Obersalzbrunn – 1946) Schriftsteller/Nobelpreis 1912

Fritz Haber

ALFONS HAYDUK (1900 Oppeln – 1972) Schriftsteller

Johann Christian Günther

JOHANNES HEERMANN (1585 Raudten – 1646) religiöser Lyriker

MAX HERRMANN-NEISSE (1886 Neisse – 1941) Schriftsteller

GEORG HEYM (1887 Hirschberg – 1912) Schriftsteller

Christian Hoffmann von Hoffmannswaldau

CHRISTIAN HOFFMANN VON HOFFMANNSWALDAU (1617 Breslau – 1679) Epigrammatiker und Lyriker

FELIX HOLLÄNDER (1868 Leobschütz – 1931) Dramaturg

KARL EDUARD VON HOLTEI (1798 Breslau – 1880) Theatermann, Bühnendichter und Romanautor

I

FRIEDRICH IWAN (1889 Landeshut – 1967) Maler und Graphiker

J

FRANZ JUNG (1888 Neisse – 1963) Schriftsteller

Alfred Kerr

K

ANNA-LUISE KARSCH (1722 Hammer bei Schwiebus – 1791) Volksdichterin

PAUL KELLER (1873 Arnsdorf bei Schweidnitz – 1932) Schriftsteller

ALFRED KERR (eigtl. A. Kempner 1867 Breslau – 1948) Theaterkritiker und Schriftsteller

VICTOR DE KOWA (1904 Hochkirch bei Görlitz – 1973) Schauspieler

KÄTHE KRUSE (1883 Breslau – 1968) Malerin und Puppenmutter

L

CARL GOTTHARD LANGHANS (1732 Landeshut – 1808) Architekt

FERDINAND LASSALLE (1825 Breslau – 1864) Politiker

HEINRICH LAUBE (1806 Sprottau – 1884) Schriftsteller

PAUL LÖBE (1875 Liegnitz – 1967) Reichstagspräsident

FRIEDRICH VON LOGAU (1604 Brockut – 1655) Epigrammatiker

DANIEL KASPAR VON LOHENSTEIN (1635 Nimptsch – 1683) Barockdichter

WALTHER FREIHERR VON LÜTTWITZ (1859 Bodland – 1942) General

Heinrich Laube

M

ARNOLD LUDWIG MENDELSSOHN (1855 Ratibor – 1933) Komponist

ADOLF VON MENZEL (1815 Breslau – 1905) Historienmaler und Graphiker

JAN [HANS HERMANN] MEYEROWITZ (1913 Breslau – 1998) Opernkomponist

HELMUT JAMES GRAF VON MOLTKE (1907 Kreisau – 1945) Jurist, Widerstandskämpfer

ALBERT NEISSER (1855 Schweidnitz – 1916) Dermatologe

RUDOLF VON NEUMANN (1805 Carlsruhe – 1881) Artilleriegeneral

JOHANNES VON NEUMARKT (um 1310 Hohenmaut – 1380) Bischof und Hofkanzler Karls IV.

Mehmet Emin Pascha

MARTIN OPITZ (geadelt O. von Boberfeld 1597 Bunzlau – 1639) Dichter

MEHMET EMIN PASCHA (eigtl. Eduard Schnitzler 1840 Neiße – 1892) Kolonialpionier

HERMANN LUDWIG HEINRICH FÜRST VON PÜCKLER-MUSKAU (1785 Muskau – 1871) Gartenkünstler und Schriftsteller

Hanna Reitsch

ADAM PUSCHMANN (1532 Görlitz – 1600) Meistersinger

JULIUS RASCHDORF (1823 Pless – 1914) Architekt

HANNA REITSCH (1912 Hirschberg – 1979) Pilotin

FERDINAND FREIHERR VON RICHTHOFEN (1833 Carlsruhe – 1905) Geograph und Forschungsreisender

MANFRED FREIHERR VON RICHTHOFEN (1892 Kleinburg/Breslau – 1918) Jagdflieger

JOHANN WILHELM RITTER (1776 Samitz – 1810) Physiker

FRIEDRICH VON SALLET (1812 Neisse – 1843) Dichter und Lyriker

DANIEL CASPAR VON SCHWENCKFELD (eigtl. C. Schwenckfeld von Ossig 1490 Ossig bei Lüben – 1561) Reformator

FRIEDRICH DANIEL ERNST SCHLEIERMACHER (1768 Breslau – 1834) Religionsphilosoph

HANNA SCHYGULLA (1943 Kattowitz) Schauspielerin

HERMANN STEHR (1864 Habelschwerdt – 1940) Schriftsteller

EDITH STEIN/HL. TERESIA BENEDICTA A CRUCE (1891 Breslau – 1942) Religionsphilosophin

OTTO STERN (1888 Sohrau – 1969) Physiker/Nobelpreisträger 1943

MAX TAU (1897 Beuthen – 1976) Schriftsteller

GEORG THOMALLA (1915 Kattowitz – 1999) Kabarettist, Charakterkomiker

VALENTIN TROTZENDORF (eigtl. V. Friedland 1490 Troitschendorf – 1556) reformatorischer Pädagoge und Schulmann

ARNOLD ULITZ (1888 Breslau – 1971) Schriftsteller

EDUARD VOGEL VON FALCKENSTEIN (1797 Breslau – 1885) Generalmajor

MICHAEL WEISSE (1488 Neisse – 1534) Liederdichter

RICHARD WETZ (1875 Gleiwitz – 1935) Komponist

ERNST FRIEDRICH ZWIRNER (1802 Jakobswalde – 1861) Baumeister